KB235036

Malling
몰링,
상상 이상의
즐거움

몰링, 상상 이상의 즐거움

Malling

강준규 · 윤성은 지음

이담 Books

일상의 행복한 라이프셰어 복합쇼핑몰

가끔 휴일이면 요즘 한창 뜨고 있는 한 복합쇼핑몰에서 친구를 만나 바뀌는 계절에 어울릴 만한 패션소품을 함께 쇼핑하고, 그동안 꼭 같이 가서 먹어보자고 이야기만 했던 핫한 레스토랑에서 점심을 먹고, SPA브랜드 매장 3~4곳을 윈도쇼핑하며 부른 배를 꺼뜨리고, 마무리로 요즘 흥행 중인 영화를 본 후 다음 만남을 기약하며 친구와 헤어지곤 한다.

가끔은 무언가를 사고, 맛있는 것을 먹는 것보다 새로 오픈한 몰을 구경하는 것도 일상에 있어 커다란 즐거움거리다. 같은 의미에서 다른 나라로 여행이나 출장을 가더라도 그 도시의 유명한 복합쇼핑몰은 꼭 방문하게 된다. 의도적으로 복합쇼핑몰을 구경하기 위해서 방문하는 것이 아니라, 여행책이나 관련 블로그에서 그 도시의 관광명소로 대부분 복합쇼핑몰들이 소개되어 있기 때문이다. 그만큼 복합쇼핑몰은 도시의 랜드마크이자 관광명소로 자리 잡고 있다. 시간이 어떻게 지나갔는지 못 느낄 정도로 몰은 온종일 즐길 수 있는 즐거운 장소이다.

이렇듯 '복합쇼핑몰'은 우리 삶에 있어 매우 친숙한 공간이다. 이러한 '몰링'의 기본개념인 '복합쇼핑몰'은 쇼핑 · 먹거리 · 즐길거리 · 문화 · 휴식 등 생활의 모든 것이 가능한 원스톱라이프스타일의 공간으로 우리 사회 소비문화의 키워드이다. 최근 10년간 우리 주변에 다양한 몰들이 홍수처럼 쏟아지듯 오픈하였지만 아직 '몰'은 많은 사람들에게 생소한 개념이기도 하다. 이 책은 이러한 사회 트렌드인 '몰링'에 대해 소개하고자 한다.

‘몰’의 기본개념인 복합쇼핑몰의 개념, 역사, 현황, 다양한 유형 및 사회적 · 문화적 의미에 대해 살펴보고, 이를 통해 현재 복합쇼핑몰을 바라보는 눈높이와 향후 나아가야 할 방향에 대한 나름의 생각을 이야기하고자 한다. 복합쇼핑몰은 단순하게 판매 촉진을 위해 즐길거리를 고민하기보다는, 복합쇼핑몰 자체를 즐거운 장소, 행복한 장소 그 자체로 만들어야만 하는 미션을 갖고 있다. 이러한 의미에서 복합쇼핑몰은 고객들이 필요로 하는 새로운 가치를 발굴하고 사업화하는 것이 비즈니스의 핵심인 것이다. 즉, 고객의 욕구를 파악하고, 가치를 부여할 수 있는 개념을 상품화하여 제공하여야 한다. 이책은 이러한 관점에서 유익한 독서 체험이 될 수 있도록 국내외 유명 복합쇼핑몰의 구체적 사례로 복합쇼핑몰을 설명하고 있다. 복합쇼핑몰을 논하는 데 있어 아직은 서툴고 미숙하지만, 이 책을 통해 도심 속에 개발된 다양한 형태의 복합쇼핑몰들이 도시민들과 함께 호흡하며 생동감 넘치는 즐거운 공간으로 조성되는 데 작은 부분이라도 보탬이 되었으면 하는 바람으로 집필하였다.

항상 가는 길을 예비해주시고, 삶을 이끌어 주시는 하나님께 감사를 드린다. 이 책의 집필과 출판은 많은 분들의 도움의 결실이다. 언제나 많은 배려와 든든한 지원 그리고 아낌없는 사랑과 격려를 통해 든든한 힘이 되어준 가족들과 동료들에게 고마운 마음을 전한다. 또한 이 책이 출판될 수 있도록 도와주신 (주)한국학술정보 출판사업부와 출판하는 과정에서 좋은 책을 만들기 위해 노력해주신 관련 스태프들께도 감사의 마음을 전한다.

2014년 11월
강준규, 윤성은

contents

1. 복합쇼핑몰이란 무엇인가 008

상업공간 패러다임의 변화 011
복합쇼핑몰의 이해 022
복합쇼핑몰의 현황 062

2. 복합쇼핑몰 관련 주요 키워드 094

몰링(Malling) 097
리테일테인먼트(Retailtainment) 108
테넌트(Tenant) 120
컨세션(Concession) 133

3. 복합쇼핑몰의 유형과 특징 140

4. 복합쇼핑몰을 바라보는 눈높이 156

색다른 즐거움 159

욕망의 자극 190

맛있는 행복 204

원스톱 라이프 스타일 229

디자인된 친절 238

소비의 중심 어린이_VIK(Very Important Kids) 263

도시의 새로운 커뮤니케이션 280

mexx
CHANEL

복합쇼핑몰이란 무엇인가

상업공간 패러다임의 변화

현대 사회에서 우리는 아침부터 저녁까지 끊임없이 무언가를 소비하며 살고 있다. 태어나는 순간 기저귀를 사야만 하고, 죽는 그 순간 영면으로 들어가는 납골당을 사고 있는 우리에게 소비는 하루 세 끼 밥을 먹는 것만큼이나 자연스러운 삶의 영역인 것이다. 근대 철학자 데카르트는 "나는 생각한다. 고로 존재한다I think. Therefore I am"라는 말로 인간의 정체성에 대해 정의하였지만, 미국 작가 바바라 크루거Barbara Kruger는 1987년 그의 작품을 통해 "나는 쇼핑한다. 고로 존재한다I shop. Therefore I am"라는 문구로 오늘날 우리의 삶을 잘 요약해 주었다. 현재를 사는 우리 모두는 '호모 컨슈머리쿠스Homo consumericus', 즉 소비하는 인간이다. 심지어 현대인들은 소비를 통해 스트레스를 해소하고 위안과 심리적 안정을 얻는 경향이 점점 짙어지고 있다. 개드사드Gad Saad는 그의 저서 『소비본능』(2013)에서 인간의 네 번째 본능을 '소비'로 언급할 정도로 현대 사회에서 소비는 인간의 가장 원초적 행동

중 하나로 여겨지고 있다.

이처럼 인간의 본능으로까지 언급되고 있는 소비는, 누군가에게는 필요에 의해 어쩔 수 없이 해야만 하는 일일 수도 있고, 어떤 사람에게는 삶에 있어 즐거움을 주는 행위가 될 수도 있다. 즉, 우리는 어떤 의미, 어떤 방식이든 무언가를 사들이는 과정을 통해 소비라는 행위를 하고 있는 것이다. 즉, 소비에는 무언가를 사들이는 과정과 그 과정이 진행되는 공간이 필요한 것이다. 우리는 전자를 흔히 '상업'이라는 단어로, 후자를 '상업공간'이라는 단어로 칭하고 있다. 먼저, '상업'이란 '상품을 사고파는 행위를 통하여 이익을 얻는 일'을 의미한다. 이러한 상업 행위가 일어나는 공간을 앞서 언급했듯 우리는 '상업공간'이라 한다. 상업공간 하면 일반적으로 떠오르는 장소는 '시장'이다. 시장이란 일반적으로 상품을 사고파는 일상적인 행위가 담긴 공간을 의미한다. '국어사전'에 의하면 시장이란 '매일 또는 정기적으로 상인이 모여 상품 매매를 하는 장소' 또는 '상설적 설비를 갖추고 주로 일용품·식료품 등을 판매하는 장소'라고 정의하고 있다. 네이버 백과사전에서는 시장을 '여러 상품을 사고파는 일정한 장소' 또는 '상품으로서의 재화와 서비스의 거래가 이루어지는 추상적인 영역'으로 정의하고 있다. 또한 시장을 뜻하는 말은 나라마다 조금씩 다르지만 바자르bazar, 마켓market, 전통시장 등 여러 가지가 다양하게 사용되고 있다. 바자르는 서아시아의 공공시장을 의미하며, 지역사회의 커뮤니티도 담당하였다. 또한 마켓은 그 기원이 라틴어 'mercatus'로 매매가 이루어지는 곳, 즉 장소를 말한다. 사람들에게 필요한 물건의 교환과 거래는 오랜 옛날 신화시대부터 있어 왔다. 일상생활을 영위하는 데 필요한 물품을 개인이 모두

   몰링, 상상 이상의 즐거움

런던의 주말시장

고대부터 오늘날까지 시장은 사람들의 삶과 떼어낼 수 없는 한 영역으로 존재하여 왔고, 그것은 앞으로도 변함이 없을 것이다. 시장이란 일반적으로 상품을 사고파는 일상적인 행위가 담긴 소비의 공간을 의미한다. 시장은 물품 거래뿐만 아니라, 정보의 교환, 사교, 유흥, 그리고 볼거리에 이르기까지 사람들이 모이는 장소다.

생산하거나 만들어 쓸 수는 없기 때문에 자연스럽게 서로 필요한 물건을 교환하거나 거래하게 되었을 것이다. 물건의 교환과 거래가 확산되면서 점차 사람이 많이 모이는 일정한 장소에 시장이 형성되고 발전되어 왔다.

시장공간은 필요에 의해 상품을 사거나 교환하는 장소이다. 따라서 전통적인 상업공간은 상품 거래시장으로 특정한 장소에서 특정한 날에 공급자와 수요자가 만나 상품을 교환하던 공간이다. 즉, 시장공간은 상업을 전제로 하는 공간인 것이다. 이를 바탕으로 상업시설의 개념을 정의하면 상업시설이란 상품을 사고파는 행위가 이루어지는 장소로 이익을 발생시키는 것을 목적으로 하는 공간을 의미한다. 여기서 상품이란 물리적 상품과 비물리적 상품을 모두 포함하고 있으며, 상업시설은 이러한 행위의 주체와 상업공간의 이용자 간 상호교환이 원활하게 이루어질 수 있도록 돕는 공간이다. 이러한 상업행위와 상업시설의 목적은 이익 발생에 있는데 이는 공간의 주체뿐만 아니라 공간의 이용자에게도 이익을 발생시킬 수 있어야 한다. 여기서 말하는 이익이란 금전적 이익뿐만 아니라 사고파는 과정을 통해 얻게 되는 정신적인 측면의 이익까지도 포함하고 있다.

상업공간은 일정하게 형성된 가격에 의해 매매자 간 수요와 공급을 충족시키는 거래 과정이 행해지는 장소이며, 기본적으로 상품과 공급자, 그리고 소비자라는 세 가지 요소의 상호관계에 의해 형성된다. 이러한 관계에 의해 시장은 상품의 보관과 진열의 공간, 그리고 사람들이 그 사이를 지나갈 수 있는 통로 공간을 자연스럽게 형성한다. 기본적인 상업공간은 상인이 물건을 내려놓는 순간부터 상품과, 상인, 소

    몰링, 상상 이상의 즐거움

비자들이 만들어내는 공간에 의해서 자연스럽게 형성된다. 즉, 상인이 어떤 장소에 상품을 놓게 되느냐에 의해 시장 공간의 첫걸음이 시작된다. 이러한 형태는 시대에 따라서 변해 왔지만, 시장이라는 공간은 '교환'의 가치가 가장 중요하며, 이러한 메커니즘을 통해 장소를 형성해가는 도시의 기초적인 구조체이다.

이러한 시장 공간은 시대에 따라 변화 및 발전되고 있다. 최근의 상업공간은 사람들의 다양한 문화적 욕구를 반영하는 도시 공공 공간으로서의 역할이 증대되고, 단순한 물품 구매의 공간을 넘어 볼거리와 즐거움을 주는 문화공간으로 인식되고 있다. 또한, 도시에 있어 공원, 수변공간, 테마파크 등 전형적인 여가공간과 더불어 상업공간이 새로운 여가공간으로 떠오르고 있다. 즉, 최근의 상업공간은 기존의 쇼핑공간 외에도 다양한 엔터테인먼트 공간을 적극적으로 개발하고, 단순 집적형 상점 구성에서 벗어나 가로를 활용하여 가로의 콘셉트에 맞는 색다른 공간을 구성하는 등 즐거운 쇼핑환경을 제공하려는 다양한 시도를 하고 있다.

상업공간의 주된 행위의 목적인 '쇼핑'에 관한 최근 라이프스타일 트렌드를 살펴보면 21세기는 저출산, 고령화, 맞벌이 부부의 증가, 양극화, 주 5일 근무제 시행에 따른 여가시간의 증가로, 소비자들의 스포츠·오락·독서·취미활동 등의 여가활동이 증가하였고, 여가활동의 한 축으로 쇼핑공간에 방문하는 횟수나 시간도 증가하였다. 또한, 빠른 경제성장과 기술혁신은 소비자들에게 물질적 풍요와 시간적 여유를 가져다주었다. 이런 라이프스타일의 변화는 상업공간을 기존의 물건을 사러 왔던 소비자에서, 새로운 니즈를 갖고 쇼핑공간을 방문하

시장 풍경(Market Scene), 1550, Alte Pinakothek, Munich, Bavaria, Germany

16세기 유럽의 시장을 묘사한 풍속화로 짐을 실어 나르는 짐마차와 손수레, 좌판에 올려놓은 온갖 상품들과 그 물건을 파는 상인들이 앉을 의자, 크고 작은 각종 바구니, 다양한 과일과 각종 야채 등 500년 전인 16세기 유럽의 시장 풍경도 우리의 시장과 다르지 않음을 알 수 있다.

태평성시도(太平城市圖), 작자 미상, 18세기 후반

태평성대 시장의 활기찬 모습을 그린 성시도 속 시장은 오늘날의 남대문이나 동대문 시장 같은 조선시대 시장의 모습을 잘 보여준다. 상점마다 물건이 가득 쌓여 있고, 길 사이의 노점상 풍경이 지금의 시장 모습과 비슷하다. 그림 속 시장 풍경에는 술상과 찻집도 보이는 것으로 보아, 이미 18세기 상업공간은 판매뿐만 아니라 먹거리, 볼거리가 넘쳐나는 공간이었다.

는 소비자들로 확장시켰고, 기존의 물건을 사고파는 행위를 벗어나 다양한 행위를 할 수 있는 공간으로의 변화를 요구하고 있다. 즉, 상업공간은 소비자들의 소비 욕구와 다양한 개성을 충족시킬 수 있어야 하고, 상품을 획득하기보다는 구매과정을 즐기는 소비자들을 만족시켜야만 했다. 그러므로 상업공간은 상품판매에 국한되지 않고 소비자 자신이 머무는 장소, 즉 소비과정을 즐길 수 있는 공간을 위해서 소비자의 라이프스타일을 충족시켜 줄 수 있는 차별화된 콘텐츠를 요구하게 되었다. 또한, 생활수준의 향상에 따라 소비행위는 단순한 물질적 소비로부터 물질적 소비와 정신적 소비가 혼합된 형태로 변화되고 있다. 소비자들은 더 이상 쇼핑 자체만이 아니라 그들의 다양한 욕구를 동시에 채울 수 있기를 원한다. 최근 '몰링malling' 문화가 확산됨에 따라 대형화되고 있는 복합쇼핑몰들은 남녀노소 모두가 즐길 수 있는 문화와 쇼핑이 결합된 공간을 제공하고 있는 것이 단적인 사례이다. 이와 같은 맥락에서 최근 우리 사회는 개인의 소비의식이 성숙해짐에 따라 물질적 소유뿐만 아니라 소유의 과정에서 얻게 되는 정신적 즐거움을 중요시하게 되었다. 1차적 소비의 목적은 기능적 가치와 필요물품 구매를 중요시하지만, 소득 수준이 높아지면서 구매라는 행위보다는 쇼핑의 과정으로부터 즐거움을 얻는 것이 쇼핑에 있어 중요한 목적이 되었기 때문에, 상업공간의 차별화된 환경과 다양한 서비스의 제공이 중요해지고 있다. 이러한 트렌드는 단순히 구매를 목적으로 하지 않는 소비자를 상업공간으로 끌어들였으며, 기존의 상업공간과 또 다른 기능의 복합화를 불러왔다. 즉, 오늘날의 상업공간은 소비자들에게 쇼핑이라는 과정에 있어 특별한 경험과 재미를 통한 기억에 남을 만한 경험을 제공하는 역할을 수행하도록 요구하고 있다.

상업공간에 있어 차별화된 콘텐츠를 제공하기 위해서는 그 시대와 사회의 문화를 이해하는 것이 매우 중요하다. 문화는 그 사회의 성격이며, 소비자의 문화는 그들이 원하는 활동과 상품의 우선순위를 결정하고 특정 상품과 서비스의 성공과 실패를 결정한다.

21세기 들어 우리 사회는 글로벌화와 더불어 다문화가 공존하게 되었다. 이러한 변화는 개인이 각자의 개성을 추구하고 다양성을 수용하는 배경이 되었다. 이는 소비자의 다양한 개성과 욕구가 상업공간 계획에도 변화를 일으키는 요소로 작용하였다. 한편, 인터넷의 보편화로 전자상거래가 활성화되었고, 소비자들은 품질과 가격에 대해 전문가만큼의 지식을 공유할 수 있게 되었다. 기존의 상업공간은 홈쇼핑, 온라인 쇼핑몰과의 심화된 제품 및 가격 경쟁에서 살아남기 위해 그들만의 차별화된 아이템으로 승부를 걸어야만 하는 이중부담을 안게 되었다. 즉, 소비자들이 단순 상품 구매만이 아닌, 다른 즐길거리가 있는 차별화를 추구해야하는 상황인 것이다. 이러한 차별화를 기획하기 위해서는 동시대의 문화를 이해하는 것이 가장 중요하다. 현재, 소비의 패러다임은 물론 기업경쟁력의 패러다임도 감성적·문화적 코드가 중요시되고 있고, 전 세계적인 경기침체의 영향으로 시장은 문화존속기반의 가치를 중요한 키워드로 생각하고 있다. 즉, 상업공간 역시 문화를 바탕으로 설정된 차별화된 가치로 고객의 니즈를 충족시키기에 총력을 기울이고 있다. 이에 따라 상업공간 개발에 있어서도 문화를 기반으로 하는 개발을 요구하고 있다. 문화와 경제의 합성어 '컬처노믹스 culturenomics'라는 말이 유행하고 있다. 컬처노믹스는 덴마크 코펜하겐

대학의 두엘른Peter Duelund 교수가 만든 용어로 문화를 원천으로 고부가
가치를 창출하고 도시 경쟁력을 높이는 것을 의미한다. 도시의 지속 성
장을 위해서는 경제적 발전을 물론 문화 자체가 산업 및 도시개발의 원
동력과 콘텐츠가 되어야 하며, 이러한 결과물들이 우리가 살고 있는 도
시를 성장하게 만드는 것이다. 이는 사람들의 모든 행위는 문화에 근거
하여 이루어지고 있으며, 이러한 문화의 이해를 근간으로 기획한 쇼핑
몰 개발이 복합쇼핑몰 개발에 있어 가장 큰 화두로 자리 잡고 있다.

몰링, 상상 이상의 즐거움

고베모자이크(Kobe Mosaic)

상업공간에 있어 차별화된 콘텐츠를 제공하기 위해서는 그 시대의 사회와 문화를 이해하는 것이 매우 중요하다. 문화는 그 사회의 성격이며, 소비자의 문화는 그들이 원하는 활동과 상품의 우선순위를 결정한다. 일본 고베지역의 모자이크는 고베지역의 대규모 상업단지인 하버랜드에 속해 있는 독립형 복합쇼핑시설로 과거 상업, 유통의 핵심이었던 항만과 철도역의 인프라를 재개발하였다는 그 지역의 문화적 특징을 갖는다. 고베항 워터프런트라는 위치성을 바탕으로 다른 복합쇼핑몰과는 차별화된 공간구성을 보여준다. 동쪽에는 바다, 서쪽에는 운하로 이국적인 분위기를 연출하고 있으며, 바다 주변을 산책하듯 몰링할 수 있는 그 지역의 사회적·문화적 특징을 반영한 차별성으로 일본 고베지역의 관광명소가 되었다.

복합쇼핑몰의 이해

복합의 개념

　'복합'이란 서로 연관성 있는 인프라·시설·기능·기술·소프트를 효과적으로 결합하고, 이들 간에 서로 유기적인 상승효과를 내도록 하여 경쟁력과 효율을 극대화하는 것을 의미한다. 도시계획 및 개발에 있어 '복합'이라는 용어는 고유기능을 가진 두 개 이상의 시설이 한 공간 내에 같이 공존할 때 복합되었다고 정의하고 있다.

　복합의 유례는 고대로 거슬러 올라간다. 고대 및 중세의 신전, 교회, 도성과 궁궐 등 권위를 상징하는 건물과 상점, 공방, 주거가 복합된 아케이드형 도시의 형태가 시작되었다. 11~12세기에는 상업적인 교역 문화가 발달하면서 공공 공간의 중요성이 확대되고 이에 따라 상업과 주거의 기능 분리 현상이 나타나게 된다. 16세기 말에는 기존의 생산과 판매 공간, 주거와 작업 간의 분리현상이 점점 강해지기 시작하였다. 이 시대에는 1층은 상가, 2층은 업무, 3층은 주거로 구성되는 복합건물 형태가 일반화되었으며 복합건물의 시초라 볼 수 있다. 복합용도개발이라는 용어는 미국에서 거니 브레큰펠드Gurney Breckenfeld가 1972년 포츈지Fortune 11월호에 처음 사용한 용어로서, '주거·상업·업무 등의 용도를 포함하는 것으로 이러한 용도의 다양성은 각 용도 간 상호보완적인 연계를 유지하면서 이용대상의 범주를 확대시키고 주야간 시간대 활용을 유도하여 24시간 활동을 가능케 하는 것'이라고 정의하였으며, 주거·상업·업무 등 3가지 이상의 상이한 기능요소들이 기능적·물리적으로 밀접한 관계를 가질 수 있도록 연계하여 구성하는 복합용도 건축물 또는 그러한 건축물군을 형성하는 계획을 복합용도개발로 정의할 수 있다. 복합용도개발에 있어 상업기능은 매우 중요한 부분을 차지하게 되는데, 대부분의 복합용도개발은 주로 업무와 상업기능이 중심이 되고 있다.

도시·부동산 개발 및 건축에서 복합의 의미는 토지의 이용가치를 높이기 위하여 사무실·호텔·아파트·쇼핑센터 등 여러 가지 용도를 합리적인 계획에 의해 다른 기능과 중복되지 않으면서 상호보완적으로 상승효과를 발휘하도록 하는 것을 의미하며, 문화, 오락 그리고 공공시설 등을 집약적으로 개발하는 방식을 의미한다. 일반적으로 복합용도건물이라 하면 도시 속 인간 생활의 기본요소인 주거·업무·여가의 각 활동을 수용하는 건물로서 두 가지 활동이나 그 이상이 한 건물에 물리적·기능적으로 복합되어 있는 것을 뜻한다. 각기 다른 용도의 공간에 대한 복합화는 동일 건물 또는 동일 부지 내에 다양한 공간을 함께 계획하여 이용자가 필요로 하는 제품 및 서비스를 가능한 한 동일 장소에서 제공하는 것을 의미한다. 이는 이용자들이 필요한 제품 및 서비스를 제공받기 위해서 각기 다른 장소에 있는 공간들을 방문하여 발생되는 경제적·시간적 비용을 최소화함으로써 이용자의 편의를 유도하고, 제한된 토지를 효율적으로 사용할 수 있는 장점이 있다. 또한, 개별 시설의 입지로 인한 제품 및 서비스의 전달 과정의 단편성·비연속성을 극복하여 포괄적인 서비스를 제공함으로써 서비스의 통합성·연속성을 유지할 수 있게 하는 장점이 있다. 무엇보다 복합이 발생하게 된 가장 중요한 이유는 단일용도 건축물로서는 기대할 수 없는 수익성을 보장받기 위한 경제적 이유이다. 그러므로 수익을 창출할 수 있는 다양한 기능의 복합이 절대적으로 필요한 것이다. 또한 공공이미지와 시장성을 높여 각 용도 간 지속적이고 상호보완적인 관계를 유지하면서 다양한 이용자를 확보하는 것이 중요하다. 이를 위해서는 복합된 모든 기능 요소들이 보행동선을 통해 상호 연결될 수 있어야 하며 건축적인 연계성을 지녀야 한다.

복합쇼핑몰 개발에 있어 복합화의 유형은 크게 공간적인 복합, 기능적인 복합, 관리 운영적인 복합으로 구분할 수 있다. 첫째, 공간적 복합은 동일 건물 내에서 수평적인 복합, 수직적인 복합, 혼합적인 복합 등의 형태를 이룬 것을 의미한다. 둘째, 기능적인 복합은 각 시설의 고유한 기능과 서로 연계되어 있는 기능 그리고 그 연계 속에서 파생되는 공공기능들로 복합화하는 형태를 말한다. 마지막으로, 관리 운영의 복합은 건물이 복합화하는 경우 그 규모가 커지므로 운영 및 사업의 주체에서도 복합화하는 경향이다.

상해 GRAND GATEWAY

복합상업시설은 각각의 기능들 간의 지속적이고 상호보완적인 관계를 유지하면서 다양한 이용자를 확보하는 것이 중요하다. 이를 위해서는 복합된 모든 기능 요소들이 보행동선을 통해 상호 연결될 수 있어야 하며 건축적인 연계성을 지녀야 한다.

복합용도개발의 특징

세 가지 이상의 기능 결합

복합용도개발이 갖는 가장 큰 특징은 각기 독립적인 수익성을 갖는 3개 이상의 기능이 결합되는 것이다. 복합용도개발이 발생하게 된 가장 중요한 원인이 단일용도 개발로는 기대할 수 없는 수익성을 보장받기 위한 이유이다. 그러므로 소득원이 될 수 있는 다양한 용도의 복합이 절대적으로 필요한 것이다. 실제로 한 가지 이상의 용도를 가지고 있는 개발 프로젝트들도 있으나, 복합용도개발은 주요 소득원이 되는 세 가지 이상의 용도를 가지는 대규모 개발을 의미한다. 따라서 이러한 복합용도개발은 세 가지 이상의 다양한 용도를 집약시킨 계획과 공간을 필요로 한다. 또한 각 용도들 간의 지속적이고 상호보완적인 관계를 유지하면서 다양한 이용자를 확보하는 것이 중요하다.

물리적·기능적 연계성

복합용도개발은 모든 기능 요소들이 물리적·기능적으로 연계성을 가져야 한다. 모든 계획의 구성요소들은 물리적으로 여러 가지 다양한 모습을 취할지라도 각각의 기능들은 보행동선을 통해 상호 연결될 수 있어야 하며, 건축적 요소들은 콘셉트 적용을 통해 이미지 구축에도 연계성을 지녀야 한다. 특히, 각 기능들은 보행전용도로나 엘리베이터, 에스컬레이터 등 보행자 이동장치 계획을 통해 네트워크가 이루어져야 하며, 중앙의 중정이나 아트리움 등의 요소로 모든 기능을 보행동선과 입체적으로 연결해야 한다.

일관성이 있는 계획

복합용도개발의 성패 여부는 일관성이 있는 계획의 수립과 진행에 달려 있다. 복합용도개발은 단일용도 건축 개발과는 달리 비용, 규모, 주변의 파급효과가 매우 크기 때문에 기획 단계부터 건축·경영·디자인·부동산 등 각 분야 전문가의 참여가 요구된다. 즉, 한 개의 일관된 마스터플랜에 의해 대지의 취득, 건축계획, 자료수집, 건설, 임대 및 운영이 이루어져야 한다.

복합용도개발의 효과

복합용도개발의 일반적인 효과는 다음과 같다.

첫째, 대부분의 복합용도개발은 대규모로 진행되기 때문에 지역사회의 랜드마크 역할과 지역활동의 구심점으로서 거점 형성을 유도할 수 있다. 또한, 복합용도의 구성으로 문화시설·휴게공간 등 지역사회에 부족한 시설의 확보가 가능하며, 여러 기능의 공공이용기능 및 부대시설을 공유함으로써 용도의 효용성을 높일 수 있다.

둘째, 경제적 특성으로는 건물 내 상주 및 거주인구의 증가로 집적효과가 높아 상권 활성화에 유리하고, 주변의 개발을 촉진시켜 또 다른 새로운 개발을 유도할 수 있어 지역경제 활성화에 기여할 수 있다.

셋째, 옥외광장·녹지 등 오픈스페이스 공간의 확보가 용이하여 도심의 개방감, 쾌적성 확보를 통해 도시민의 삶의 질을 높일 수 있는 쾌적한 공공 공간을 제공할 수 있다.

일본 도쿄 롯폰기힐스의 오픈 스페이스

대부분의 복합용도개발은 개발규모가 대규모로 진행되기 때문에 지역사회의 랜드마크 역할과 지역 활동의
구심점으로서 거점형성을 유도할 수 있다. 또한, 주변의 개발을 촉진시켜 다른 새로운 개발을 유도할 수 있
고, 외부광장, 녹지 등 오픈스페이스 공간의 확보가 용이하여 도심의 개방감, 쾌적성 확보를 통해 도시민의
삶의 질을 높일 수 있는 쾌적한 공공 공간 제공이 가능하다.

복합쇼핑몰의 개념

쇼핑몰이란 다양한 유형의 소매점포가 집적된 유통시설로, 소비자의 편리성 제고와 체류시간의 연장을 위해 계획적으로 소매점들을 집적시킨 형태의 유통업태를 의미하며, 특정사업자 또는 개발업자가

쇼핑몰의 특성

구분		특성
특성	계획성	자연 발생적이 아닌 한 기업이 계획하여 건설한 복합상업시설
	통일관리	분양이나 시장, 단독 백화점이 아닌 복합상업시설 전체를 통일적으로 관리, 운영되는 것
일반특성	편의성	교통의 편의성, 다수의 점포, 풍부한 상품, 전천후성
	안전성	교통의 안전성, 재해로부터의 안전성, 폭력으로부터의 안전성
	여가성	다양한 여가 업종, 자극의 지속성, 오락의 24시간성
	정보성	패션, 윈도 쇼핑, 현대적 감각, 장식성, 도시적 무드, 점포의 개성
	집적성	거리의 입체감, 거리의 폭, 거리의 즐거움
	인간성	휴식 공간, 자연
	복잡성	해방감, 매몰성, 동료의식, 도심성, 축제 분위기
사회적 기능	상업 기능	광역형 쇼핑센터, 커뮤니티형 쇼핑센터, 근린형 쇼핑센터
	커뮤니티 기능	지역사회, 근린사회, 지역연대집단
	공공적 기능	은행·증권회사·문화센터 등의 교양 서비스 기능, 공원
	고용의 창출	직원 채용, 제조업보다 소매업이 고용효과가 상대적으로 아주 높음
	지역개발 기능	새로운 도시가 형성의 근간

홍콩 FESTIVALWALK
홍콩 구룡에 위치한 복합쇼핑몰로 쇼핑센터, 스케이트장, AMC영화관, 다양한 레스토랑 등이 복합된 복합
상업시설이다.

주체가 되어 계획 · 개발 · 관리하며 다양한 편의시설을 통해 소비자를 끌어들여 상가의 활성화를 유도하는 전문쇼핑센터라 할 수 있다. 일반적으로 이러한 복합쇼핑몰은 소매의 집적형태로 편의성 · 안전성 · 여가성 · 정보성 · 집적성의 일반 특성과 상업 기능, 커뮤니티 기능, 공공적 기능, 고용창출의 기능, 지역개발 기능의 사회적 기능을 갖는다.

이러한 쇼핑몰의 확장된 개념인 복합쇼핑몰을 이해하기 위해, 유사 의미인 '복합상업시설'의 개념에 대해 살펴보자. '복합상업시설'이란, 단일 시설로 하나의 상업시설과 상업시설 외 용도가 결합함으로써 그에 따른 시너지를 가져오도록 개발된 상업시설을 의미한다. 이러한 경우의 복합상업시설을 '복합쇼핑몰'이라 칭한다. 우리나라 유통산업발전법에 의하면 '복합쇼핑몰'이란 근린 시설이 설치되는 장소를 제외한 매장면적의 합계가 3,000㎡ 이상인 점포의 집단으로서 쇼핑, 오락 및 업무기능 등이 한 곳에 집적되고, 문화·관광시설로서의 역할을 하며, 1개의 업체가 개발·관리 및 운영하는 점포의 집단으로 정의되고 있다.

미국과 일본에서는 '복합쇼핑몰'이라는 용어보다는 '쇼핑센터'라는 용어가 통용되고 있다. 미국의 국제쇼핑센터협회ICSC에서는 계획·개발·운영·관리하는 소매점의 집합체로 주차장 시설이 있고 점포 규모가 커서 넓은 상권을 대상으로 한다고 정의하고 있으며, 미국마케팅협회AMA에서는 소비자들이 가지고 있는 니즈를 충족시킬 수 있도록 하기 위하여 각 업종 및 업태의 소매점들이 집합되어 있으며, 지리적으로 중심에 위치하여 소비자가 구매하러 가는 데 있어 시간적으

유통산업발전법에 의한 대규모 점포의 종류

구 분	특 성
대형마트	용역의 제공 장소(근린생활시설, 문화 및 집회시설, 운동시설, 일반 업무시설)를 제외한 매장 면적의 합계가 3,000㎡ 이상인 점포의 집단으로서 식품, 가전 및 생활용품을 중심으로 점원의 도움 없이 소비자에게 소매하는 점포의 집단 근린생활시설이 설치되는 장소를 제외한 매장면적의 합계가 3,000㎡ 이상인 점포의 집단으로 식품, 가전 및 생활용품을 중심으로 점원의 도움 없이 소비자에게 소매하는 점포의 집단
전문점	용역의 제공 장소를 제외한 매장 면적의 합계가 3,000㎡ 이상인 점포의 집단으로서 의류, 가전 또는 가정용품 등 특정 품목에 특화한 점포의 집 근린생활시설이 설치되는 장소를 제외한 매장면적의 합계가 3,000㎡ 이상인 점포의 집단으로서 의류, 가전 또는 가정용품 등 특정 품목에 특화한 점포의 집단
백화점	용역의 제공 장소를 제외한 매장면적의 합계가 3,000㎡ 이상인 점포의 집단으로서 다양한 상품을 구매할 수 있도록 현대적 판매시설과 소비자 편익시설이 설치된 점포로서 직영의 비율이 30% 이상인 점포의 집단, 근린생활시설이 설치되는 장소를 제외한 매장면적의 합계가 3,000㎡ 이상인 점포의 집단으로 다양한 상품을 구매할 수 있도록 현대적 판매시설과 소비자 편익시설이 설치된 점포로서 직영의 비율이 30% 이상인 점포의 집단
쇼핑센터	용역의 제공 장소를 제외한 매장면적의 합계가 3,000㎡ 이상인 점포의 집단으로서 다수의 대규모 점포 또는 소매 점포와 각종 편의시설이 일체적으로 설치된 점포로 직영 또는 임대의 형태로 운영되는 점포의 집단, 근린생활시설이 설치되는 장소를 제외한 매장 면적의 합계가 3,000㎡ 이상인 점포의 집단으로서 다수의 대규모 점포 또는 소매 점포와 각종 편의시설이 일체적으로 설치된 점포로서 직영 또는 임대의 형태로 운영되는 점포의 집단
복합쇼핑몰	용역의 제공 장소를 제외한 매장 면적의 합계가 3,000㎡ 이상인 점포의 집단으로서 쇼핑, 오락 및 업무기능 등이 한곳에 집적되고, 문화·관광시설로서의 역할을 하며, 1개의 업체가 개발, 관리 및 운영하는 점포의 집단

몰링, 상상 이상의 즐거움

Mall of America

미국복합쇼핑몰의 상징인 미국 미네소타 주 블루밍턴에 위치한 쇼핑몰이다. 몰 오브 아메리카는 1992년에 메트로폴리탄 스타디움의 부지를 이용하여 오픈했다. 연간 방문객 수는 미네소타 총인구의 8배에 해당하는 4,000만 명이 넘는다. 이 쇼핑몰의 가장 큰 특징은 중앙에 '캠프 스누피'라 불리는 대형 실내 놀이공원이 위치하고 있으며, 그 주변으로 쇼핑공간과 백화점 등이 배치되어 있다. 구성요소마다 독특한 건축 콘셉트와 테마가 있는 다양한 거리를 조성하여 방문객들에게 다양한 볼거리 제공하고 있다.

로 편리하고 충분한 매력을 지닌 장소라고 정의하고 있고, 일본쇼핑센터협회JCSC는 개발자에 의해 계획된 소매업·음식업·서비스업 등이 집적되어 있으며 통일된 운영관리 통제하에 원스톱 쇼핑이 가능한 시설을 갖추어야 하며, 단순한 구매뿐 아니라 쇼핑 이외의 여러 가지 기능을 결합한 커뮤니티 시설로서의 기능이 포함된 것으로 정의하고 있다.

　　미국국토협회ULI, Urban Land Institute는 복합상업시설을 U.E.CUrban Entertainment Center라는 명칭으로 전통적인 백화점, 쇼핑센터와 다른 3가지 기본요소들을 포함한 새로운 형태의 쇼핑센터라고 정의하고 있다. 일반적으로 U.E.C에서 말하는 3가지 요소는 '판매Retail', '다이닝Dining', '엔터테인먼트Entertainment'를 의미한다.

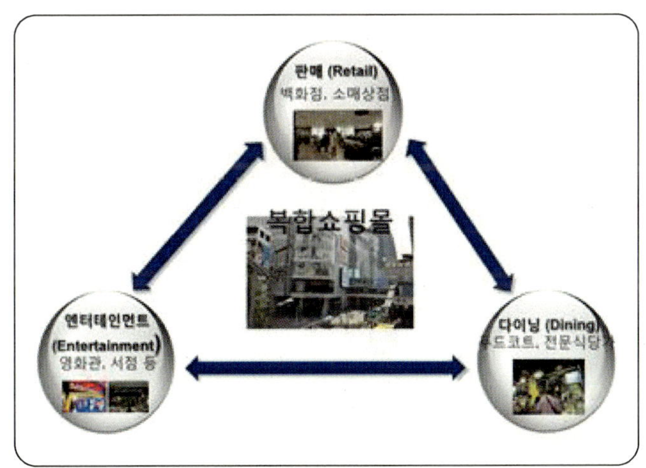

복합쇼핑몰의 정의

미국국토협회(ULI: Urban Land Institute)는 복합쇼핑몰을 U.E.C(Urban Entertainment Center)라는 명칭으로 전통적인 백화점, 쇼핑센터와 다른 3가지 기본요소 '판매(Retail)', '다이닝(Dining)', '엔터테인먼트(Entertainment)'를 포함한 새로운 형태의 쇼핑센터라 정의하고 있다.

복합쇼핑몰은 이러한 3가지 요소의 복합을 제공하며 이러한 부대시설들이 독자적으로 행동하지만 통일적이며, 서로 중복되는 다양한 시장들로부터 사람들을 끌어들이도록 계획된다. 이 점이 바로 U.E.C와 다른 상업시설을 구별하는 포인트이다. 즉, 복합쇼핑몰을 구성하는 각각의 요소들이 독립된 것이 아니라 다양한 방식으로 연결되어 있으며, 상호 보완적인 시너지 효과를 발휘한다는 것이다. U.E.C를 구성하는 각각의 요소의 특징은 다음과 같다.

판매(Retail)

판매Retail란 상품을 파는 행위를 의미한다. 소비자의 입장에서는 구매하는 소비행동을 지칭하는 말이다. 소비자들은 하나의 제품을 구매함에 있어서 제품의 성능과 효용도 중요하지만 그 판매공간을 둘러싼 분위기와 이미지까지도 쇼핑의 범주에 포함시킨다. 즉, 소비공간을 하나의 구매요인으로 인식하면서 그 과정의 즐거움 자체가 제품을 선택하는 기준이 되기도 한다. 이브생로랑의 수석디자이너 알버 엘바즈 Alber Elbaz가 "어떤 상품이 좋은 상품인가?"라는 질문에 "고객이 사겠다고 하는 것이 좋은 상품이다"라고 말했듯 판매는 끊임없이 변화하는 고객의 가치와 라이프스타일, 다양한 욕구와 관심을 충족시킬 수 있어야 한다. 크리스티안 미쿤다Christian Mikunda가 그의 저서 『마음을 훔치는 공간의 비밀』(2011)에서 구매를 강요하는 길만이 판매에 성공하는 방법은 아니라고 이야기하고 있다. 우리의 소비패턴을 살펴보면 생활에 꼭 필요한 물건과 서비스를 위해 구매계획을 하고 소비를 실행하기보다는 일상 속에서 '뜻밖의 수확'을 얻고자 하는, 비계획적인 구매상

소비자들은 하나의 제품을 구매함에 있어서 제품의 성능과 효용도 중요하지만 그 판매 공간을 둘러싼 분위기와 이미지까지도 쇼핑의 범주에 포함시킨다. 즉, 소비공간을 하나의 구매요인으로 인식하면서 그 과정의 즐거움 자체가 제품을 선택하는 기준이 되기도 한다.

태에서 충동적으로 소비하는 경향이 강해지고 있다. 즉, '사고 싶은' 충동을 느낄 때 제품을 구매하는 경향을 보인다. 이는 소비자 스스로 가치 있다고 판단되는 제품을 선택함을 의미한다. 이러한 의미에서 복합쇼핑몰은 전통적인 판매공간에 대한 매너리즘에서 벗어나, 소비심리를 자극하기 위해 소비자에게 긍정적 가치를 높일 수 있는 상품계획과 이를 지원해 줄 수 있는 판매공간을 조성해야 하며, 이를 통해 소비를 창출하는 역할을 해야 한다.

앞서 언급했듯이 우리의 소비생활을 돌이켜보면 합리적이고 효율적이지 않더라도 구매하는 경우가 많다. 자신의 소득수준에 비해 과소비를 할 때도 있고, 남들에게 과시하기 위해 불필요한 상품을 소비하는 경우도 많다. '친구 따라 강남 간다'는 말처럼 다른 사람들이 사기 때문에 유행 아이템을 구매하는 경우도 있고, 반대로 다른 사람이 구하기 어려운 물건을 구매하려고 하는 경우도 있다. 무엇이 소비자를 유혹하는지에 대한 여러 가지 주장들이 있지만, 그중 가장 대표적인 소비심리효과는 다음과 같다.

• 밴드왜건 효과(bandwagon effect)

밴드왜건 효과는 다수의 소비자나 유행을 따라 상품을 구입하는 현상을 의미한다. 미국의 경제학자 라이벤슈타인Leibenstein이 서부시대 밴드를 태운 마차가 북 치고 장구 치고 소란스럽게 연주를 하면서 마을을 지나가면 밴드왜건을 뒤로하여 사람들이 끊임없이 따라가는 현상을 비유한 표현이다. 대표적인 예로, 우리나라 대도시 번화가에서 5초마다 이 가방을 들고 다니는 여자들이 목격된다는 의미에서 '5초 가

몰링, 상상 이상의 즐거움

방'이라고 불리는 명품 브랜드 L사의 가방, 한때 10대 중고등학생들에게 필수 아이템으로 여겨졌던 등산브랜드 N사의 패딩 등이 이에 해당한다고 볼 수 있다.

• 베블렌 효과(veblen effect)

베블렌 효과는 남들보다 돋보이거나 뽐내보고 싶은 심리에서 소비하는 것을 의미한다. 사람들의 과시욕으로 가격이 비싸더라도 수요는 늘어나며, 비쌀수록 더 구매하고자 하는 소비현상이다. 실제로 명품 브랜드 C사의 가방은 가격을 20% 이상 올렸음에도 불구하고 매출이 50% 이상 상승했다는 언론보도가 있으며, 최근 사회문제가 되고 있는 카푸어car poor족 역시 본인의 연봉에 비해 턱없이 비싼 외제자동차 구매하여 과시하고자 하는 욕망을 보여주고 있다.

• 스노브 효과(snob effect)

스노브 효과는 많은 사람들이 어떤 재화를 소유하고 있기 때문에 자기는 그들과 다르다는 것을 보이기 위해 똑같은 것에 대한 소비를 단념하는 현상을 의미한다. 즉, 남들이 사용하지 않는 희소성이 있는 재화를 소비함으로써 더욱 만족하고 그 상품이 혹시라도 유행해 대중화되면 더 이상 그 상품을 소비하지 않는 패턴을 보인다. 소비자가 남들과 자신을 차별화하기 위해 일반적으로 보급되지 않은 희소성이 있는 재화를 구입하는 경향인 것이다. 한정판으로 판매하는 상품, 희귀본 도서나 음반만을 구입하는 소비들이 이에 해당한다.

판매에 관한 이론을 살펴보면 다음과 같이 판매를 분류하고 있다.

첫째, '브랜드 기념품점'은 브랜드의 성장과 함께 어느 정도 독점력 있는 브랜드 로고 베이스의 다양한 상품을 판매함으로써 매출 증대와 간접광고 역할을 한다. 둘째, '전문점'은 독립적이고 체인화된 점포로 특정한 테마와 상품, 생활양식에 초점을 둔다. 비교적 작고 독특한 상품으로 구성된 점포 내에서 마치 보물을 찾듯 상품을 발견하고, 체험할 수 있도록 환경을 제공한다. 셋째, '브랜드 확장점'은 통합된 엔터테인먼트와 미디어업체가 운영하며, 브랜드 상품을 직접 판매하기 위한 점포이다. 넷째, '브랜드 라이선스점'은 브랜드 라이선스를 가진 업체가 운영하는 전문 매장이다. 다섯째, '제품전시점'은 브랜드상품 제조업체가 운영하는 고급스러운 소매매장이다. 브랜드상품 제조업체가 수익

**U.E.C(Urban Entertainment Center)의
구성요소 중 판매(Retail)의 특징**

구 분	역 할	사 례
브랜드 기념품점	어느 정도 독점력 있는 브랜드 로고 상품을 판매	디즈니 퀘스트
전문점	명확힌 테마와 제품군, 라이프스타일 프로파일을 가져 제품구성의 재미 제공	뮤지엄 컴퍼니 스토어
브랜드 확장 매장	통합된 엔터테인먼트와 미디어 업체가 운영, 브랜드 상품을 직접 판매	디즈니 스토어
라이센스 매장	브랜드 라이선스를 가진 업체가 운영하는 전문 매장	NBA stores
제품 전시형 매장	브랜드 상품 제조업체가 운영하는 매장으로 직접 체험가능하게 브랜드 판매	나이키타운스토어 애플스토어 소니스타일
레저지향 카테고리 킬러	방문객의 방문시간을 늘리고, 친밀함을 조성, 다양한 상품 구비	메가 스토어, 대형서점

브랜드확장매장_디즈니스토어

브랜드확장매장은 브랜드 자산을 활용한 대표적인 마케팅 전략으로 주로 엔터테인먼트와 미디어 업체가 운영하며, 지적재산권을 보유하고 있는 자사의 브랜드 상품들을 판매한다.

제품전시형 매장_뉴욕 애플스토어

제품전시형 매장은 타 기업들과의 경쟁에서 자사의 브랜드를 알리는 동시에 브랜드만의 특수성을 띠는 문화를 알리고 그에 따른 서비스를 제공하기도 하며 일방적인 광고와는 달리 소비자들과의 소통을 원활히 하고 있다. 또한 신상품을 대중에게 먼저 론칭하여 테스트를 시행함으로써 짧은 시간 내에 소비자들의 즉각적인 반응과 피드백을 통해 보완점을 찾을 수 있다. 주로 매장 내의 한정된 특정상품을 전시하거나 판매함으로써 소비자들에게 조금 더 어필하고 오감으로 느낄 수 있는 '특별 체험 공간'으로도 이용되고 있다. 매장을 특정 제품들로만 꾸미는 방법은 소비자들에게 특정 제품들이 부각됨과 동시에 자연스럽게 브랜드를 인지하게 된다.

카테고리 킬러형 매장_토이저러스

일반적으로 카테고리 킬러는 한정된 상품군을 취급하면서 동 상품군 내의 수많은 상품들을 판매함으로, 동종의 상품을 취급하는 기존의 업태들을 제압하는 형태의 판매전문점을 의미한다. 특정 상품군에 집중하여 다양한 상품구색을 갖추고 소비자를 공략한다.

복합쇼핑몰의 앵커 테넌트로 자리 잡은 SPA 브랜드 매장

SPA란 'Specialty Store Retailer of Private Label Apparel'의 약자로서 한 업체가 제품을 기획하고 생산과 판매에 이르는 모든 과정을 일체화해 운영하는 매장을 의미한다. SPA브랜드 업체들은 소비자들의 즉각적인 요구에 맞는 현재의 유행을 반영한 디자인과 변화하는 유행에 맞추어 부담 없이 구매할 수 있는 이상적인 가격의 책정에 중점을 두고 있다. 이러한 업체들은 소비자들이 고가라고 인식하지 않을 정도의 타당한 가격선에서 다양하면서 유행을 반영한 상품으로 소비자들의 구매욕을 자극하며, 시간이 지남에 따라, 변하는 유행에 따라 지속적으로 소비자를 판매공간으로 불러들이고 있다.

을 창출하고 브랜드를 구축하는 방법이 된다. 이러한 상점에서 브랜드의 이미지 판매는 상품의 판매만큼 중요하다. 여섯째, '레저지향카테고리킬러'는 박스형태의 건물 속에 책, 음악, 스포츠 용품 등 유명브랜드의 상품을 다양하게 구비하여 판매하는 대형매장이다.

식음(Dining)

'먹는다'라는 행위는 인간의 식생활과 밀접한 관련을 맺고 있다. 일반적으로 '먹는다'라는 행위는 크게 가정 내에서 하는 식생활과 가정 외에서 하는 식생활로 분류할 수 있다. '외식'이란 가정 밖에서 행하는 식사 행위의 총칭으로 흔히 가정 이외에 음식을 먹는 것으로 '자기 집이 아닌 밖에서 식사함, 또는 그 식사'라고 정의한다. 우리가 복합쇼핑몰의 구성요소로 다루는 식음은 '외식'을 의미한다. 기존에 흔히 음식점 영업으로 불리던 식음과 관련된 산업이 현재 외식산업으로 발전한 것을 전체적인 외식시장 규모의 확대와 단순히 음식을 제공하는 역할에서 벗어나 차별화된 서비스의 제공, 감성적인 식공간 연출을 통한 새로운 공간 체험 등 가치 제공의 개념으로 발전되었다. 이러한 개념을 바탕으로 현재 식음(Dining)은 이터테인먼트(eatertainment) 또는 디너테인먼트(dinnertainment)로 표현되면서 쇼핑몰에 중요한 테넌트로 자리잡고 있으며, 외식산업 자체가 새로운 복합 산업으로 확산되고 있다.

국내 복합쇼핑몰에서 운영되는 식음 관련 영업은 크게 식당가와 푸드코트로 나누어 볼 수 있다. 전통적으로 식당가와 푸드코트는 쇼핑몰을 방문한 불특정 다수가 고객이라는 공통점을 갖고 있었으나, 최근에는 식음료 업장을 방문하기 위해 쇼핑몰을 방문하는 숫자도 많아지고

홍콩 LANGHAM PLACE

트랜드가 반영된 F&B 콘텐츠는 복합쇼핑몰 고객 집객의 중요한 요소로 작용하고 있다. 유명 프랜차이즈 레스토랑, 지역의 유명한 맛집, 스타오너셰프가 운영하는 레스토랑 등 다양한 식음 콘텐츠는 가족단위 고객, 연인, 각종 모임 등의 니즈를 해결할 수 있다. 즉, 잘 짜인 F&B 콘텐츠는 쇼핑이 아닌 다른 목적으로 몰에 고객을 유입할 수 있는 중요 요소이다.

있다. 식당가는 건물 한 층에 다양한 업종 한식, 양식, 일식, 중식, 음료 등의 음식점들이 함께 모여 있으며, 각각의 개별 점포로 운영되고, 테이블 서비스를 제공하고 있다. 푸드코트는 같은 공간에 다양한 업종의 음식을 제공하지만, 테이블과 좌석을 공동으로 사용하여 서로 시너지를 얻을 수 있도록 운영하고 있으며, 좌석회전율이 빠른 음식들이 주종을 이룬다. 대부분의 경우 셀프서비스로 운영되고 있다. 식음은 대부분이 그 장소에서 직접 소비되는 것이 특징이며, 기본적인 식욕이라는 생리욕구를 충족시키는 동시에 즐거움을 제공하여야 한다. 이러한 의미에서 최근에는 다양한 콘텐츠로 기획된 테마레스토랑, 스포츠바, 재즈클럽, 디너극장 등이 인기를 끌고 있으며, 식음에 있어서도 엔터테인먼트가 중요 구성요소로 자리 잡고 있다. 이는 다양한 고객층에 어필하여 소비자가 머무는 시간을 연장시키고 재방문을 증대시키는 역할을 한다.

식음은 기능적 식음Function Dining, 충동적 식음Impulse Dining, 엔터테인먼트적 식음Entertainment Dining으로 구분할 수 있다. 첫째, 기능적 식음은 매출 증대로 이어지는 고객 체류시간의 연장에 중요한 역할을 한다. 이를 위해 패스트푸드점, 푸드코트, 패밀리레스토랑 등을 통해 고객에게 다양한 선택권을 제공하고 있다. 저녁시간에 몰 영업의 활성화 측면에서 기능적 식음은 매우 중요하다. 둘째, 충동적 식음은 키오스크, 가판대 등의 소규모 장소에서 제공되는 음식과 음료를 즉석에서, 또는 걸어 다니면서 먹을 수 있는 형태를 의미한다. 계획된 식음 소비가 아닌, 충동구매와 함께 걸어 다니면서 소비가 가능하다는 특징을 갖는다. 또한 점포 내에 숍인숍 형태로 음료 등 충동적 식음을 파는 공

태국 방콕 복합쇼핑몰 '터미널21'의 푸드코트

서울 IFC몰의 식당가

일반적으로 쇼핑몰 내에 위치한 외식업체들은 몰을 방문한 불특정 다수가 고객이었다면 최근 몰에 입점되는 외식업체는 메인테넌트로 설정되는 경우가 있을 정도로, 특정 외식업체를 방문하기 위해 몰을 찾는 방문객 수가 증가하고 있다. 복합쇼핑몰에 있어 식음매장은 고객 체류시간의 연장에 중요한 역할을 통해 매출 증대로 연결되고 있다.

간이 있는 경우도 이에 포함된다. 셋째, 엔터테인먼트 식음은 식음과 엔터테인먼트의 결합으로 테마가 있는 라이프스타일 레스토랑에서 잘 표현된다. 하드락카페Hard Rock Cafe나 플래닛할리우드Planet Hollywood 와 같이 특정 테마를 가진 라이프스타일의 레스토랑이 대표적이다. 초창기 테마레스토랑은 인기 애니메이션의 캐릭터, 팝가수 등 대중문화로부터 설정한 콘셉트를 테마화하였다. 음식의 질과 서비스보다는 엔터테인먼트를 강조하여 시장을 확장하였고, 식공간을 특정 분위기와 캐릭터로 연출하거나, 로고 상품을 레스토랑 내부 매장에서 판매하였다. 그러나 호기심에 의한 최초 방문 이후 음식 맛에 대한 불만으로 정작 중요한 재방문으로는 이어지지 못하는 경우가 많았기 때문에 1990년대 유행했던 1세대 테마레스토랑의 경우 소리 소문 없이 사라진 경우가 많다. 최근에는 다양한 엔터테인먼트와 결합된 식음공간의 오픈이 증가하고 있다.

U.E.C(Urban Entertainment Center)의 구성요소 중 다이닝(Dining)의 특징

구분	역할	사례
기능적 식음	고객이 머무는 시간을 최대화, 다양한 시장수요에 따른 다양한 선택권 제공	푸드코트
충동적 식음	간편하게 즐길 수 있는 다양성 제공	핫도그, 팝콘, 커피 등 제공하는 카운터
엔터테인먼트 식음	테마가 있는 라이프스타일 레스토랑	Planet Holywood 키즈카페

엔터테인먼트(Entertainment)

엔터테인먼트Entertainment는 소비자에게 볼거리를 제공하고 새로움과 재미를 체험할 수 있는 경험 소비로, 특정 대상의 범위를 한정하지 않고 광범위한 소비자층을 유인할 수 있는 주요 요소이다. 상업시설이 상품을 사고파는 장소로서 특징은 가장 기본적인 기능이다. 하지만 복합쇼핑몰은 단순히 소비가 이루어지는 장소 그 이상의 의미를 갖는다. 복합쇼핑몰의 기본 전제는 사람을 모아야만 하는 것이다. 오늘날과 같이 다양한 개성들이 존중받는 도시화 시대에는 사람을 집객할 때 판매 공간만으로 한계가 있다. 상업·서비스·커뮤니티·문화·식음 등 다양한 기능이 혼재하여야만 효율적인 집객이 이루어질 수 있으며, 재방문횟수 및 체류시간을 연장시킬 수 있다. 특히, 감성적 체험 소비로 불리는 현대 사회에서 즐거움을 통한 경험적 체험은 소비자들에게 매우 중요하게 작용한다.

소비 행위를 위해 고객을 집객하기 위해서 엔터테인먼트는 중요한 도구로 활용되고 있다. 상업공간에 엔터테인먼트를 결합하는 것은 상업공간의 활성화는 물론 차별화로 경쟁력 확보를 위한 중요한 전략이다. 우리는 일반적으로 길게 줄 서 있는 음식점 앞을 지나가다 보면 나도 모르게 줄을 서서 그 음식점의 맛을 보고 싶어 한다. 또한, 어느 장소에 사람들이 많이 모여 있으면 무슨 일인지 궁금해 나도 모르게 그곳을 서성이며 구경하고 있는 것을 알 수 있다. 즉, 사람이 모이는 곳에 사람이 따라 모인다. 즐거움이 있는 장소에 사람이 모이게 되고, 사람이 모이는 장소로 사람들이 따라가게 되는 것이다. 이러한 측면에서 엔터테인먼트는 몰에 사람들을 집객시킬 수 있는 강력한 도구가 될 수

아쿠아리움

아쿠아리움은 직접 경험하기 어려운 바닷속을 체험할 수 있는 엔터테인먼트 시설로 어린이를 동반한 가족들에게 매우 인기 있는 테넌트이다.

있다. 마이클 베이어드는 엔터테인먼트형 복합상업시설이 강력한 이벤트 장소event-places가 되기 위해서는 환경설계, 미디어 기술, 그리고 이야기가 융합되어 구성되어야 한다고 말한다. 이는 차별화된 스토리텔링을 통한 기획으로 공간이 계획되고 설계되어야 하며, 이러한 콘셉트가 잘 표현될 수 있도록 최신 미디어 기술들을 동원하여 최대한 효과적으로 구현해야 함을 의미한다. 이렇게 조성된 엔터테인먼트 공간은 공공장소의 성격을 갖게 되면서, 그 공간을 경험하는 사람들에게 긍정적 생각과 감정을 교환할 수 있도록 조성되어야 한다. 사람들을 공간으로 끌어들이기 위해서는 이야기가 있는 즐길거리를 제공해야 하는 것이다.

상업 시설과 엔터테인먼트 시설의 복합의 필요성은 몰의 입장과 소비자의 입장이라는 두 가지 측면에서 해석할 수 있다. 복합쇼핑몰은 소비자 유인과 장시간 몰에서의 체류 시간을 유지할 수 있는 다양한 흥미거리를 제공하고자 한다. 복합쇼핑몰이나 백화점에서 엔터테인먼트 시설을 계획하는 것도 이러한 이유이다. 이용객의 입장에서 보면 단순히 상품을 구매하는 단일 목적만으로 몰을 이용하는 것이 아니라 다양한 볼거리와 즐길거리를 요구하고 있다. 대규모 복합쇼핑몰뿐만 아니라, 소규모 상업시설에 있어서도 이러한 엔터테인먼트적 특성을 고려한 공간 계획은 중요하다. 이러한 엔터테인먼트의 세부요소는 그 기능에 따라 배경·목적·충동 엔터테인먼트로 분류된다.

배경 엔터테인먼트는 즐거운 감정을 느낄 수 있는 전체 분위기를 조성하는 것으로 수동적이지만 이용객의 경험을 소비 활동으로 이끄는 강력한 역할을 한다. 목적 엔터테인먼트는 엔터테인먼트가 상업의 실

몰링, 상상 이상의 즐거움

싱가포르 유니버셜스튜디오

복합쇼핑몰 중 테마파크는 엔터테인먼
트 중 다양한 계층을 쇼핑몰로 모이게
할 수 있는 대표적인 시설이다.

효적 기능과 결합한 것으로 가장 주요한 테넌트로 작용하며, 이용객을 유인하고 동시에 식음, 판매 등의 매장으로 고객을 유인하는 시너지 효과를 기대할 수 있다. 충동 엔터테인먼트는 이용객의 주의를 끌고 충동심리를 자극하여 즉흥적 구매를 조장하는 요소로 작용한다.

복합쇼핑몰은 이러한 3가지 요소인 엔터테인먼트·다이닝·판매의 복합을 제공하며, 이외에도 공원·산책로·숲과 같은 휴식공간까지도 제공하며 소비자들에게 방문할 것을 권유하고 있다. 이렇게 여러 가지 기

**U.E.C(Urban Entertainment Center)의
구성요소 중 엔터테인먼트의 특징**

구분	역할	사례
환경 엔터테인먼트	즐거운 감정을 느낄 수 있는 분위기 제공하여 이용객들을 이끌고 체류시간을 지속시키거나, 고객경험을 소비활동으로 이끄는 역할	- 테마건축물 - 다양한 간판 및 이정표 - 독특한 조경계획 - 분수 등의 흥미로운 시설물
충동 엔터테인먼트	주의를 끄는 기능, 즉흥적 경험제공, 충동구매	- 정기/비정기적 이벤트와 공연
목적 엔터테인먼트	- 기능상의 구체적인 목적을 가진 이용 행태에 부합하며 장기 체류하게 되는 시설 - 테넌트로서 상업시설 내 타 점포로 리드할 수 있는 역할	- 멀티플렉스 - 게임센터 - 문화센터

멀티플렉스 영화관

멀티플렉스란 두 개 이상의 스크린을 가진 영화관을 의미한다. 국내 기준으로는 5개 이상 스크린을 가진 영화관, 유럽에서는 10개 이상 스크린을 보유하고 있는 시설을 지칭하는 의미로 통용되고 있으며, 16개 이상 스크린을 가진 시설을 따로 메가플렉스(megaplex)라고 부르기도 한다. 기존 영화관과 비교하여 멀티플렉스의 장점은 다양한 영화를 한 장소에서 동시에 상영하므로 관객의 영화 선택이 쉽다는 점과 영화관이 제공하는 첨단 영상시설로 영화 감상의 질을 높일 수 있다는 점이다. 그 주에 개봉되는 영화를 대부분 상영하고 있으므로 따로 영화 정보를 찾아보는 번거로움을 덜 수 있고, 다양한 부대 서비스를 즐길 수 있는 장점이 있다.

능을 복합하여 만드는 이유는 다양한 기능과 시설이 혼재되어야 있어야 사람들이 모이기 때문이다. 이러한 시설들은 독자적인 것처럼 보이지만, 서로 상호보완적인 시너지 효과가 나타나게 된다. 이러한 복합쇼핑몰은 시대 및 문화적 변화에 따라 다양한 용어가 사용되고 있으며, 건축적 구조, 테마, 개발 목적, 수용기능, 상권, 머천다이징 등에 따라 여러 기준으로 분류되어 왔지만 현재까지도 복합쇼핑몰의 핵심은 복합화에 따른 시너지 효과에 있다.

몰링, 상상 이상의 즐거움

홍콩의 복합쇼핑몰 FESTIVAL WALK

복합쇼핑몰은 엔터테인먼트, 다이닝, 판매의 복합을 제공하며 소비자들을 유혹하고 있다. 각각의 요소들은 독자적인 것처럼 보이지만, 서로 상호보완적인 시너지 효과가 나타나게 되도록 계획되었으며, 복합쇼핑몰의 핵심은 복합화에 따른 시너지 효과에 있다.

복합쇼핑몰의 현황

복합쇼핑몰의 등장 배경

몰(mall)의 시작은 1877년 이탈리아 밀라노의 엠마뉴엘 광장에 만들어진 대형 야외시장으로 알려져 있다. 하지만 몰이 현대적인 유통 형태로 발전하게 된 것은 자본주의의 발전이 큰 영향을 주었고, 자본주의가 발전한 미국을 중심으로 복합쇼핑몰은 발전하여 세계적으로 전파되었다. 쇼핑몰이라는 상업시설은 1920년대 미국에서 시작되었는데 1924년 미주리 주 캔자스 시에 설립된 '컨트리클럽 플라자'가 몰의 시초였다. 1930년대 미국에서는 대도시에서 떨어진 도시 외곽에 지금과 유사한 개념의 대형 쇼핑몰이 건립되었다. 그 후, 1970년대 본격적인 복합쇼핑몰이 미국 전역에 등장하여 최근까지 그 형태와 기능은 계속 진화되고 있다. 복합쇼핑몰의 발전은 자동차 보급률, 국민소득과 밀접한 관계가 있다. 초기 복합쇼핑몰은 넓은 면적이 필요한 이유로 입지 선정이 비교적 쉬운 교외에 주로 개발되었으며, 소득수준이 높아질수록 여가를 제대로 즐기려는 소비자들의 욕구를 충족시키기 위해 교외뿐만 아니라 도심 내부에 다양한 건축 형태와 콘텐츠를 통해 현대적인 유통업으로 발전하였다.

지금의 쇼핑몰과 유사한 개념으로 만들어진 최초의 쇼핑몰은 1956년 오스트리아계 이민자인 '빅터 그루엔'이 미국 미네소타의 에디나에 건립한 '사우스 데일 센터'로, 지붕을 덮어 날씨로부터 자유롭게 쇼핑을 즐길 수 있었던 최초의 몰(mall)로 알려져 있다. 미국은 복합쇼핑몰의 천국이라고 할 만큼 타운마다 하나 이상씩, 전국적으로 수만 개의 복합쇼핑몰이 개발되어 있다. 복합쇼핑몰은 단순히 물건을 사고파는 소비공간이 아니라 어린아이에서부터 노인까지 가족들, 이웃들과 함께 볼거리, 즐길거리가 가득한 문화 공간으로 자리 잡았다. 미국에서는 포드의 저가 자동차의 보급으로 자동차 보급률이 60%를 넘어섰고, 교외로 이사한 중산층을 흡수하기 위해 지붕을 덮은 빌딩 형태의 몰들이 우후죽순 생겨나기 시작했다. 미국과 비슷하게, 일본에서도 자동차 보급률이 60%를 넘게 되는 1970년대 들어 본격적으로 몰이 등장했다. 미국과 일본의 1인당 국민소득이 2만 달러를 넘어선 1988년 이후 양국의 복합쇼핑몰은 전성기를 맞이하게 되었다. 일본 '롯폰기힐스' 등 도심에 호텔과 백화점, 멀티플렉스, 대형서점 등이 결합한 복합타운 형식의 개발과 미국 '그로브몰'처럼 마을 전체가 몰로 구성된 복합쇼핑몰이 급증했다. 세계 최대 복합상업시설 빅10에 중국, 필리핀, 말레이시아 등 아시아권이 9개가 포함되어 있는데 이는 2000년대 들어 아시아의 소득 수준이 높아지면서 소비 수요의 증가를 반영해 초대형 복합쇼핑몰이 속속 들어선 결과이다. 우리나라 역시 자동차 보급률이 60%에 이른 2000년대에 복합쇼핑몰의 초기 모델인 '코엑스몰'과 '센트럴시티'가 등장했다. 또한 주 5일 근무 정착 등 소비환경의 변화와 대기업들의 복합상업시설 개발 경쟁으로 부산 해운대, 영등포, 여의도 등에 신규 몰들이 오픈하면서 국내에서도 본격적인 복합쇼핑몰 시대가 열렸으며, 이러한 문화는 지방으로도 확산되고 있다. 또한 선진국의 유통업 현황을 살펴보면 2007년 기준으로 복합쇼핑몰 매출은 미국에서 전체 소매판매액의 50%, 일본에서 30%를 차지하고 금액으로는 미국이 1,400조 원, 일본이 300조 원에 달하는 등 복합쇼핑몰이 최대의 소매 업태로 자리 잡았다는 결과에서도 향후 몰은 더욱 진화하여 발전

미국 쇼핑몰의 시대적 발전 단계

시기	미국	
1920년대	쇼핑몰 개념이 처음 도입	- Country Club Plaza - Grandview Avenue
1930~40년대	현대적 개념의 쇼핑몰이 등장하면서 대도시에서 떨어진 대형 쇼핑몰 건립	- Highland Park Shopping Village - Town & Country Center
1950~60년대	백화점 축으로 1개 이상의 백화점과 일반점포가 합쳐진 쇼핑몰의 등장	- Northland Center - Southdale Center
1970년대	오락시설, 호텔, 사무실이 혼재한 새로운 포맷과 유형의 복합쇼핑몰 개념 등장	- Franeuil Hall Market place - Water Tower Place
1980년대 이후	새로운 개념의 초대형 쇼핑몰의 등장으로 서비스 지향형 점포 확대	- Mall of America - Hortom Plaza

일본 도쿄 외곽의 복합쇼핑몰 '레이크타운'

일본 도쿄 외곽에 위치한 복합쇼핑몰 '레이크타운'은 도쿄에서 1시간 거리에 위치한 일본에서 가장 큰 쇼핑몰이다. '레이크타운'은 2008년 10월 오픈하여 이온그룹의 종합 슈퍼마켓인 쟈스코, 패션전문점 비브레, 슈퍼마켓 체인점 마르에츠 외 565개의 전문 매장이 있는 지바 후나바시의 라라포트를 제친 일본 최대 규모의 쇼핑센터로 코시가야시의 도시계획사업인 '코시가야 레이크 타운 지구 계획'의 일환으로 예전에 공터였던 곳을 활용, 계획 개발하여 논밭이나 습지대를 복합쇼핑몰로 건설하였다. 에코를 테마로 건설해 태양광 발전 시스템이라든가 전기자동차 급속 충전 스테이션, 벽면녹화, 녹화타일 등이 설치되어 있다. 레이크타운은 바람(카제), 모리(숲), 아웃렛 총 3개의 3층 건축물로 이뤄져 있다.

The Grove_Los Angeles

그로브 몰은 쇼핑만 하던 공간을 탈피해 가족 모두 여유롭게 시간을 보낼 수 있는 야외 복합쇼핑 공간이다. 대공황 이후 농민들이 청과시장을 오픈한 것에서 시작된 그로브몰은 현재, 트렌드를 반영한 아베크롬비&피치·포에버21·갭·바나나리퍼블릭·앤트로폴로지·빅토리아 시크릿 등 의류 브랜드와 반스 앤 노블 서점, 극장과 레스토랑 등 젊은 소비자들이 선호하는 브랜드가 다수 입점해 젊은 쇼핑객 역시 발길이 끊이지 않고 있다. 그루브몰은 무료 공연이 열리기도 하고, 저녁에는 조명을 밝혀 더욱 로맨틱한 풍경을 연출하기도 하며, 파머스 마켓과 그로브 몰 사이를 운행하는 무료 트롤리를 타며 공간을 즐길 수 도 있다. 그로브 몰은 미국에서 면적당 평균 매출이 높은 3대 쇼핑몰 중 하나이며, S자형 몰 구성과 풍부한 조경 및 수경을 통해 로스앤젤레스 시민들의 휴식처이자, 랜드마크로 자리 잡았다.

할 것으로 여겨진다. 향후 복합쇼핑몰은 유통뿐 아니라 식음료, 엔터테인먼트, 서비스, 건축, 인테리어 등 관련 산업에 막대한 영향을 미칠 것이다.

국내 복합쇼핑몰의 현황

국내 복합쇼핑몰의 발전과정을 살펴보면, 1980년 복합용도개발 규정이 생기고 올림픽을 앞둔 시점에 도심 정비사업과 맞물려 넓은 면적에 대한 입지 선정이 용이한 서울 부도심을 중심으로 개발되기 시작하였다. 소득 수준이 향상되고, 주 5일 근무제가 정착되면서 여가를 즐기려는 도시민들의 욕구를 충족시키기 위해 몰은 대폭 성장하게 되었다. 1988년, 1989년 잠실에 롯데백화점과 롯데월드의 등장으로 복합쇼핑몰 시대가 시작되었고, 쇼핑몰은 주로 도심과 부도심 중심상권에서 재개발 형태를 통해 개발되었으며, 최근 도심형 몰이 활발하게 건축되면서 본격적인 성장 단계에 진입하고 있다. 2000년 초기에는 소비자들의 변화된 라이프스타일에 의해 엔터테인먼트 기능이 주로 결합되고 있으며, '코엑스몰'과 '센트럴시티'를 시작으로 부산 센텀시티, 영등포 타임스퀘어, 롯데몰 김포공항 등 복합쇼핑몰이 잇따라 오픈되면서 복합쇼핑몰의 전성시대가 펼쳐지고 있다.

최근에 복합쇼핑몰은 다양한 기능의 시설을 한 공간에 모아주는 동시에 하나의 공통된 주제로 구성된 유기체로, 시설 내에서 활동하고 있는 사람들뿐만 아니라 외부 이용자의 다양한 욕구를 충족시키며, 이

서울시 복합쇼핑몰 현황

No	이름	준공연도	규모	연면적(㎡)
1	메세나폴리스	2012년	지하 7층~지상 39층	294,603
2	IFC몰	2012년	지하 3층~지상 55층	511,850
3	롯데몰 김포공항	2011년	지하 5층~지상 9층	314,049
4	디큐브시티	2011년	지하 2층~지상 10층	350,247
5	가든파이브	2010년	지하 5층~지상 11층	426,625
6	타임스퀘어	2009년	지하 2층~지상 5층	340,135
7	유플렉스	2009년	지하 7층~지상 12층	9,917
8	포도몰	2009년	지하 2층~지상 15층	39,669
9	엔터식스	2008년	지하 1층~지상 2층	14,850
10	스타시티	2007년	지하 1층~지상 10층	247,859
11	신도림 테크노마트	2007년	지하 1층~지상 5층	284,416
12	아이파크몰	2006년	지하 4층~지상 6층	271,676
13	신촌 밀리오레	2006년	지하 2층~지상 6층	31,404
14	에그 옐로우	2005년	지하 1층~지상 7층	11,400
15	하이브랜드	2005년	지하 3층~지상 12층	160,114
16	코엑스몰	2000년	지하 2층~지상 1층	119,008
17	센트럴시티	2000년	지하 5층~지상 33층	266,046

벤트 및 프로모션이 주는 즐거움과 감동의 요소가 융합되어 쇼핑몰 자체가 지역사회의 새로운 문화 명소 역할을 담당하고 있다. 또한, 실내외 다양한 휴게공간, 녹지공간 조성을 통해 '도시 공원화'를 추구하는 등 단순한 상업적 용도에서 벗어나, 지역민들에게 쉴 수 있는 공간을 자라, H&M, 유니클로 등 글로벌 SPA브랜드가 국내에 대거 진출하면

몰링, 상상 이상의 즐거움

롯데몰 김포공항

'롯데몰 김포공항'은 연면적 9만 5,000평으로 지하 5층에서 지상 9층까지 이어지는 대규모 복합쇼핑몰이다. 부지면적은 약 5만 9,000평, 주차대수 5,000대로 복합시설 부지면적으로 국내 최대 규모이다. 특히 전체 부지면적 중 60%가 넘는 약 3만 9,000평을 녹지공간으로 구성해 자연과 쇼핑, 문화, 엔터테인먼트를 쾌적한 환경에서 원스톱으로 즐길 수 있는 공간을 연출하였다.

서 복합쇼핑몰은 전성시대를 맞이할 수 있는 원동력을 얻었다. 또한, 국내 내셔널브랜드national brand들이 멀티숍과 플래그십스토어의 활발한 개발은 복합쇼핑몰과 서로 시너지 효과를 낼 수 있게 되었으며, 토이저러스·ABC마트 등 카테고리 킬러category killer 전문점과 미샤·더페이스샵·에뛰드하우스 등 중저가 화장품 매장들이 소비자들의 긍정적 반응을 통해 성장한 것도 복합쇼핑몰 전성시대에 크게 작용하였다. 이와 더불어 외식 프랜차이즈 산업의 활성화, 오너셰프 레스토랑이 대거 등장함으로써 쇼핑 이외의 다양한 콘텐츠가 충족되어 복합쇼핑몰 활성화에 큰 역할을 하였다.

한편, 주 5일 근무제가 정착됨에 따라 소비자들의 주말 여가시간이 늘어나면서 쇼핑공간에서 체류하는 시간이 점점 길어지고 있고, 가족 중심의 쇼핑문화가 확산돼 온 가족이 즐길 수 있는 쇼핑 공간 및 엔터테인먼트 시설을 요구하는 소비자가 증가하였다. 또한 소비패턴 변화와 가족 중심의 여가문화는 레저 스포츠 및 함께 즐길 수 있는 문화에 대한 욕구 증대로 쇼핑공간을 방문하면서 엔터테인먼트·외식·여가생활을 함께 누리고자 하는 여가패턴이 증가하였다. 즉, 복합쇼핑몰은 쇼핑과 문화가 결합되고, 토지 이용의 복합화를 위하여 쇼핑 공간, 엔터테인먼트 공간, 주거 공간, 업무 공간, 숙박시설 등을 결합하였으며, 소비자의 직접적인 유인을 통한 체류를 증가시키기 위하여 공공시설을 확대하였다. 또한 소비의 다양화와 다각화, 소비자 계층의 다변화를 통한 복합소비공간으로 변모시켰다. 지금의 복합쇼핑몰은 소비자의 공간소비와 소비공간 속의 체험과 참여를 강화하는 방향으로 진화하고 있는 것이다. 기존 상업공간과 복합쇼핑몰을 비교해보면 기존 상업공간에서는 이성적이고 절약형인 반면 복합쇼핑몰에서는 감성적이고 가치 중심의 소비를 즐길 수 있으며 자유롭게 쉴 수 있는 공간으로 계획되고 있다는 사실이 이를 방증한다.

국내 복합쇼핑몰 발전단계

구분	특징	대표 쇼핑몰
1.0시대 1989년 ~ 1988년	- 대형쇼핑몰의 등장 - 부도심 중심의 독점적인 상권(베드타운, 부도심 인구증가) - 수직복합형 분양몰 특성화 건물 등장 - 임대 중심 운영 - 롯데·신세계·현대 백화점 위탁 운영	- 롯데월드(1989) - 테크노마트 (1998)
2.0시대 1999 ~ 2000년 중반	- 쇼핑에 문화 기능 강화 - 2000년 자동차 보급률 60% 도달(2000년) - 2004년 주 5일 근무제 - 현대적 쇼핑몰 시대 시작 - 도심형 분양쇼핑몰 - 용적률 극대화와 분양면적 최대화 관점 - 전국 공실매장 발생	- 센트럴시티 (1999) - 코엑스몰(2000) - 밀리오레 명동, 부산, 대구, 수원
2.5시대 2000년 중반 ~ 2009년	- 국민소득 2만 달러 돌파(2007년) - 도청의 사업다각화 연계된 역세권 재개발, 역사형 몰의 등장 - 분양에서 임대형 쇼핑몰 전환 - MD 부재 및 관리혼선 - 몰링 개념 도입	- AK수원역사 (2003) - 아이파크몰 (2004) - 밀리오레 신촌역사(2006) - 왕십리역사 (2007)
3.0시대 2009년 이후	- 도심형 복합쇼핑몰 등장 - 리테일 디벨로퍼 등장 - 임대 중심 운영 - 글로벌SPA MD 등장으로 매장구성 용이 - 쇼핑·교통·여가·숙박 등 기능 결합 - 프로젝트 매니징 시스템 도입 - 몰링 정착화	- 센텀시티(2009) - 타임스퀘어 (2009) - 디큐브시티 (2011) - 롯데몰 김포점 (2011) - IFC몰(2012)

몰링, 상상 이상의 즐거움

복합쇼핑몰 1.0시대

1990년대는 강남·강북의 균형발전을 위하여 정부에서 강남의 상업시설을 개발하고, 강북의 인구를 분산하기 위하여 대규모 아파트 단지를 강남에 개발하여 보급하던 시기이다. 따라서 강북에 집중되어 있던 유통시설은 신흥시장인 신도시를 따라 강남에 많은 대형상업시설이 오픈하게 되었고, 도심 중심부 위주의 대형유통산업이 부도심까지 확장되었다. 이때 개점한 것이 압구정동의 현대백화점, 한양유통, 진로유통, 뉴코아, 신세계 영등포점 등이 오픈하였다. 그리고 1996년 유통시장의 완전한 개방으로 해외 대형할인점, 신세계 이마트의 개점 등으로 유통시장에 있어 할인점의 전성기가 도래하였다. 국내에서는 1988년 롯데월드를 시작으로 복합쇼핑몰의 개념이 처음 도입되었다. 롯데월드는 대규모 종합관광 유통시설로, 당시 도시의 균형개발 측면에서 시작되었다. 사업 시작 당시 서울시는 도시공간 구조상으로 야기되는 제반 문제를 완화시키고 도시의 균형발전을 도모하기 위해 도시공간 구조의 다핵화를 추진하고 있다. 이에 따른 잠실 부핵심 조성에 적극 부응한 개발이었다. 롯데월드는 도심형 테마파크와 쇼핑이 결합된 형태로 도시민들의 여가 욕구를 충족시킬 수 있는 어드벤처 등의 다양한 시설을 계획하여, 동양의 디즈니랜드를 추구하였다. 롯데월드는 국내 소비자뿐만 아니라, 외국 관광객 유치로 외화 획득은 물론, 대규모 복합단지 운영에 따른 고용창출을 통한 관련 산업 파급효과에도 긍정적 영향을 미쳤다. 각종 쇼핑몰, 백화점, 호텔, 놀이시설, 실내테마파크, 호수공원, 미술 및 민속박물관, 문화교육센터, 스포츠센터에 이르기까

롯데월드 테마파크

위치 서울시 송파구 잠실동 40-1번지
개장연도 1988년
대지면적 128,246.2㎡
건축면적 73,602.31㎡
연면적 577,041.27㎡
용도 위락·상업·숙박·문화집회

롯데월드 테마파크

테마파크는 소비자에게 볼거리를 제공하고 새롭고 재미있는 대상을 경험하는 경험 소비로, 특정 대상의 범위를 한정하지 않고 광범위한 소비자층을 유인하여 판매를 촉진시킬 수 있는 좋은 구성요소이다.

롯데월드 내 쇼핑몰, 백화점 등 판매시설

소비자들은 하나의 제품을 구매함에 있어서 제품의 성능과 효용도 중요하지만 그 판매공간을 둘러싼 분위기와 이미지까지도 쇼핑의 범주에 포함시킨다. 즉, 쇼핑공간을 하나의 구매요인으로 인식하면서 그 과정의 즐거움 자체가 제품을 선택하는 기준이 되기도 한다.

롯데월드 아이스링크

롯데월드 아이스링크는 국내 최대 실내 스케이트장이면서도 국내 최대 실내 테마파크인 롯데월드 어드벤처와 연결돼 스케이팅 외에도 다양한 볼거리와 이벤트를 함께 즐길 수 있는 전천후 아이스링크 시설이다. 국제 규격인 태릉 실내 링크보다 큰 규모로 최대 1,000명을 동시에 수용할 수 있고, 최고급 자재의 ITT 아이스매트와 브라인 액체를 이용한 간접팽창냉열 형태의 브라인(Brine) 결빙 방식으로 빙판의 높은 안전도를 유지하고 있다.

롯데월드 민속박물관

롯데월드 내 3,386평 규모의 민속박물관은 구석기시대부터 일제강점기까지의 우리역사를 시대별로 구분하여 실제유물과 함께 모형으로 재현하여 알기 쉽고 재미있게 관람이 가능하도록 전시되어 있다. 특히, 모형촌은 8분의 1로 축소된 2,000여 점의 인형을 이용하여 조선시대의 사계절과 세시풍속, 관혼상제, 양반과 서민들의 생활모습을 사실적으로 표현하여 유아동이 있는 가족들에게 체험형 즐길거리를 제공한다.

지 관광·쇼핑·스포츠 등 레저 문화생활을 한 곳에서 즐길 수 있는 사계절 전천후 레저타운형 복합쇼핑몰의 상징이 되었다.

1998년에는 광진구 테크노마트가 개장하면서 단독형 건물로는 최초로 전자전문점과 판매, 식음 등의 상업시설이 멀티플렉스 영화관과 복합되어 복합쇼핑몰의 새로운 유형으로 등장하게 되었다. 테크노마트는 국내 최대 규모의 전자·전기 유통센터로 지하 1층에 지하철 2호선이 연결되어 있으며, 지하 6층에서 지상 39층으로 이루어진 two-zone 방식(사무동+판매동) 설계법이 도입되었다. 사무동에는 150개의 벤처기업 및 소프트웨어 개발, 인터넷비지니스 업체들이 입주하고 있었으며, 판매동에는 전자상가 위주 1,500여 개 전문소매점과 푸드코트 등의 식음료시설, 멀티플렉스 영화관 등의 엔터테인먼트 시설을 복합하여 복합쇼핑몰의 형태를 갖추었다. 9층에는 옥상정원과 전망대를 설치하여 CGV와 연계하였다.

1989년 완공된 서울 잠실 롯데월드는 국내 '몰링' 문화의 효시다. 테마파크인 롯데월드 어드벤처를 비롯해 아이스링크와 민속박물관·백화점·대형마트·뮤지컬전용극장 등으로 구성된 복합쇼핑몰로 쇼핑·문화·레저를 한 공간에서 편리하게 즐길 수 있도록 했다.

복합쇼핑몰 2.0시대

국내에서는 2000년대에 자동차 보급률이 60%에 도달하였고, 2004년 주 5일 근무제가 전면 실시되면서 복합쇼핑몰은 크게 발달하기 시작하였다. 이러한 사회적 변화와 더불어 사람들의 소비에 대한 인식도 필요성과 사용가치에서 주관적 가치와 만족을 우선시하는 소비로 변화하였다. 또한 인터넷 발달에 따른 소비자의 활발한 정보수집 및 공유로 인해 쇼핑주도의 계층이 40~50대에서, 인터넷과 스마트기기를 잘 다룰 수 있는 젊은 층인 20~30대와 여성계층으로 전환되었다. 이러한 사회변화와 유통시장 개방의 영향으로 2000년대 중반부터 본격적으로 개발되기 시작한 복합쇼핑몰은 기존의 판매시설에 엔터테인먼트 시설, 음식료 시설 등이 적극적으로 복합화되면서 2000년대 초까지 전국에 100여 개 정도로 확대되어 왔으며 매년 꾸준한 신장세를 보여 왔다. 2000년대 초반 국내 복합쇼핑몰은 패션제품을 주로 파는 패션쇼핑몰과 전자제품전문쇼핑몰과 영화관 등을 갖춘 초기 엔터테인먼트형 복합쇼핑몰이 대세를 이루고 있었으나, 최근 오픈하는 몰은 소비자 니즈 변화에 따라 규모는 더욱 대형화되고, 다양한 서비스의 제공과 차별화된 콘텐츠로 개발되고 있다.

2000년 제2세대 몰인 코엑스몰Coex mall을 시작으로 쇼핑과 레저 휴식을 결합한 엔터테인먼트몰로 발전하게 되었고, 진정한 복합쇼핑몰의 시대가 시작되었다. 2000년 5월 완공된 코엑스몰은 삼성동 무역센터 부지 위에 백화점, 아셈타워, 호텔, 공항터미널, 대형쇼핑몰, 멀티플렉스영화관, 아쿠아리움 등 대형시설이 집적되어 조성된 아시아 최대의 복합단지였다. 코엑스는 대규모 컨벤션센터의 개발을 중심으로 기존 시설의 기능적인 확대와 복합화를 진행하여 아시아 지역 최고의 복합타운 조성을 목적으로 비즈니스호텔 및 업무시설, 엔터테인먼트, 쇼핑시설의 복합개발로 이루어졌다. 코엑스 몰은 지하 1층 36,000평에

코엑스몰

위치 서울시 강남구 삼성동 159번지 일대
개장연도 2000년
대지면적 190,386㎡
건축면적 105,083㎡
연면적 1,247,727.8㎡
규모 지하 1층, 36,000평
용도 컨벤션·위락·상업·숙박·문화집회

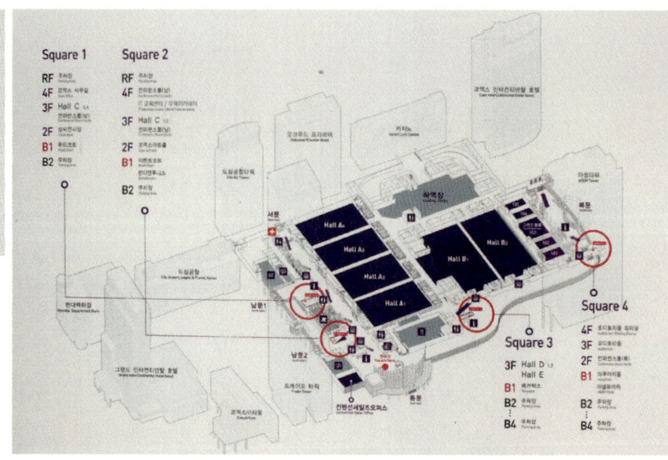

코엑스몰 배치도

코엑스몰(COEX, Convention & Exhibition Mall)은 전체 면적 3만 6,000평의 거대한 지하 속의 또 다른 도시로, 잠실주경기장의 15배에 달하는 공간에 크고 작은 다양한 판매공간, 음식점, 영화관, 은행, 병원, 서점, 아쿠아리움 등 대형시설이 집적되어 조성된 아시아 최대의 지하 복합단지이다. 쇼핑과 문화가 어우러진 공간으로 도시민들에게 휴식·만남 등 문화 장소로서의 역할을 수행하고 있다.

전체 공간을 '물의 여정'이란 테마로 구성하고, 문화·오락·쇼핑·음식·금융기관 등의 카테고리로 구성하였다. 지하 1층 단층으로 구성된 실내 가로형 대규모 지하쇼핑센터로, 지하라는 공간의 폐쇄성을 완화하고자 천창과 선큰 공간을 곳곳에 배치하였다. 코엑스몰과 더불어 2000년 6월 준공된 센트럴시티는 강남 호남선 고속터미널의 재건축과 연계하여 주변 유휴부지를 개발, 국제적인 관광, 유통, 상업의 중심지를 목표로 최첨단 복합용도건축물을 건립하고자 하였다. 최고급 호텔인 메리어트호텔, 강남 신세계백화점, 다양한 휴식공간, 멀티플렉스 극장인 메가박스를 포함하여 대형 서점, 오락시설, 음식업과 이용자의 편익을 위한 근린생활시설 등으로 구성되어 있는 도시 안에 또 다른 하나의 도시를 개발하였다.

복합쇼핑몰 2.5시대

국내 복합쇼핑몰은 2006년 이후에는 철도청의 사업다각화와 연계하여 역사형 복합쇼핑몰이 등장하였다. 또한, 이 시기에는 기존 분양형 쇼핑몰에서 임대형 쇼핑몰로 전환되었으며, 유통전문사업자인 전문 디벨로퍼에 의하여 계획·개발·운영·관리되기 시작하였다. 또한 복합민자역사 형태의 역사형 몰이 많이 개발되었다. '복합민자역사'란 '민간자본으로 건설된 역사의 줄임말'로, 노후화된 역사를 현대화하고, 각종 편의시설을 확충하는 국책사업으로, 역사 이외에 주거·업무·상업 등의 다양한 기능이 복합된 건물을 의미한다. 이러한 역사의 개발은 민

비트플렉스는 유럽 거리풍경을 콘셉트로 개발한 테마파크형 쇼핑몰로, 4계절 이용이 가능한 워터파크, 실내돔형 골프장, 할인매장 이마트, 멀티플렉스 CGV, 다양한 종류의 다이닝들로 구성되어 있다.

라페스타

간 자본이 일정비율, 약 75% 이상을 투입하여 건설한 후, 일정기간 민간회사가 경영수익을 통해 투자자본을 회수하는 시스템으로 개발하는 방식이 일반적인 개발방법이었다. 이 시기의 대표적인 역사형 몰로는 철도청 부지를 개발하여 이슈화된 용산역 현대 '아이파크몰'과 2008년 9월 왕십리역 '비트플렉스'가 있다. 왕십리 민자역사는 노후된 역사를 개발하고 주변지역을 활성화하고자 '철도역사 리뉴얼' 프로젝트로 진행되었다. 이 시기에 개발된 복합민자역사는 단순한 쇼핑시설 외에 오락과 여가활동이 가능한 공간으로 개발되었다.

또한 이 시기에 수도권에서는 2003년 8월 일산지역에 '라페스타'가 오픈했다. 당시 '라페스타'는 국내 최초 실외 스트리트형 몰로 개발되어 화제가 되었다.

복합쇼핑몰 3.0시대

현재 복합쇼핑몰은 도심형몰이 활발하게 개발되면서 상업시설과 주변 역·극장·호텔이 하나로 뭉쳐 라이프스타일형 공간을 창출하는 제3세대 몰로 진화하고 있다. 또한 일산지역에 2007년 5월 오픈한 '웨스턴돔'은 실외 스트리트에 막구조를 덮어 화제가 되었다. 2009년 9월, 오픈한 영등포 '타임스퀘어'는 복합쇼핑몰이 갖춰야 하는 스트리트형 동선 구조, 앵커 테넌트인 이마트, CGV영화관과 각종 SPA브랜드와 내셔널브랜드의 플래그십 매장 등을 제대로 구비한 복합쇼핑몰로 자리 잡았으며, 2011년 9월에는 백화점과 복합쇼핑몰의 장점을 살린 '디

일산 웨스턴돔

타임스퀘어에 들어서면 일반 백화점이나 쇼핑몰과는 다른 느낌을 받는다. 1층 아트리움은 웬만한 건물이 통째로 들어설 만한 공간이 5층까지 뚫려 있는데다 천장은 햇볕이 그대로 들어올 수 있도록 유리로 만들어졌다. 한쪽 벽면 전체를 유리로 채우기도 했고 통로는 수십 명이 한꺼번에 지나가도 부대끼지 않을 정도로 넓다.

타임스퀘어

위치 서울시 영등포구 영등포동 4가 442
개장연도 2009년
대지면적 44,291.10㎡
건축면적 26,329.33㎡
연면적 340,895.38㎡
규모 지하 5층~지상 20층
용도 판매·업무·숙박·문화·집회·교육·복지

ELLERANEE
Sale
Sale
Sale
AMO'S STYLE
AMO'S STYLE
Victoria

영등포 타임스퀘어는 비즈니스호텔·오피스·백
화점·쇼핑몰·교보문고·이마트·CGV·아트홀 등으
로 구성된 임대형 복합쇼핑몰이다.

여의도 IFC몰

위치 서울시 영등포구 여의도동 23
개장연도 2012년2
대지면적 33,058.00㎡
건축면적 15,554.16㎡
연면적 511,849.88㎡
규모 지하3층, 지상55층5
용도 판매, 업무, 숙박, 문화, 집회, 전시

IFC MALL은 미국의 부동산개발사인 AIG Global Real이 개발을 담당하고, 미국의 대표적인 쇼핑몰 개발 운영사로 27개의 쇼핑몰을 운영하고 있는 Taubman이 60년간 축적된 노하우를 토대로 국내 최초 인터내셔널 매니지먼트 시스템에 따라 운영되는 복합쇼핑몰이다. 국내 최초로 홀리스터 매장을 오픈하는 등 트렌디한 MD구성으로 여의도 일대 젊은 직장인들을 사로잡고 있다.

큐브시티'가 신도림에 오픈했다. '디큐브시티'는 연탄공장 부지를 복합 쇼핑몰로 개발해 주변 일대의 주거 및 생활환경을 개선시켰다. 2011년에는 김포공항에 롯데몰이 오픈하였다. 이곳에는 롯데호텔·롯데백화점·롯데마트·롯데시네마 등 롯데 계열의 유통브랜드를 총 집합시켜 이슈를 모았으며, 낙후된 서울 강서지역의 상업시설과 여가문화를 바꿨으며, 김포공항을 이용하는 해외 관광객을 집중 타깃으로 설정하여, 매출을 높이고자 하였다. 2012년 8월에는 서울 여의도 중심에 '국제금융센터IFC몰'이 오픈했다. 이곳에는 '홀리스터'라는 미국 브랜드가 국내 1호점을 오픈하여 화제가 되었으며, 여의도의 퇴근 후 문화를 바꿔놓고 있다. 또한 2012년 10월에는 인천 연수동에 복합상업시설인 '스퀘어원'이 오픈하여, 인천지역 주민들에게 원스톱라이프 경험을 통한 즐거움을 선사하고 있다.

MEXX

복합쇼핑몰 관련 주요 키워드

몰링
(Malling)

몰링(Malling)의 개념

유통업계의 최신 트렌드는 '소비'가 아닌 '문화'로 변화하고 있다. 이와 같은 맥락에서 쇼핑과 외식, 오락, 여가생활을 원스톱으로 즐길 수 있는 복합쇼핑몰은 바야흐로 르네상스 시대를 맞이하고 있다. 복합쇼핑몰과 관련해 '몰링'이라는 단어가 자주 등장한다. '몰링'은 '몰mall'에 '-ing'를 붙인 단어로, 몰링의 사전적 정의를 살펴보면 위키피디아Wikipedia에서는 '몰링'이란 '복합쇼핑몰'에서 쇼핑뿐만 아니라 여가도 즐기는 소비 형태를 말한다'고 정의하고 있다. 쉽게 말해 고객들이 복합쇼핑몰 곳곳을 돌아다니면서 즐기는 것을 의미하며, 복합상업시설이 UEC 형태로 다양화·대형화되면서 이러한 개념이 나타났다고 볼 수 있다.

몰링과 관련된 단어

- 몰링malling: 복합쇼핑몰에서 쇼핑뿐만 아니라 여가도 즐기는 소비형태
- 몰고어mall-goer: 복합쇼핑몰을 찾는 소비층
- 몰랫mall-rat: 몰을 마치 생쥐처럼 휘젓고 다니는 10~20대를 지칭
- 몰리mallie: 몰 안에서 일어나는 각종 이벤트를 이용하는 고객
- 몰워커mall-walker: 쇼핑몰 둘러보는 것을 일종의 운동으로 여기는 쇼핑족
- 램블링효과rambling effect: 몰링과 유사한 의미로 고객이 쇼핑몰 안을 자유롭게 어슬렁거리며 쇼핑과 엔터테인먼트·외식·여가생활을 함께 누리는 소비성향

기존의 '쇼핑' 개념이 상품을 구입하는 데 한정된 소비행위였다면 몰링은 쇼핑에 식사·오락·산책·문화 등 몰에서 할 수 있는 모든 활동을 통해 소비하는 행위이다. 인류의 역사를 살펴보면 사람이 있는 곳에는 항상 시장Market이 존재해 왔고, 그 시장의 형태에 따라 각기 다른 이름으로 불렸다. 시장은 보통 사람이 많이 모이는 곳에 형성되거나, 시장 형성으로 인해 사람들이 많이 모이게 된다. 즉, 사람이 많이 모이는 것이 가장 중요한 핵심인 것이다. 몰링은 다양한 상점과 엔터테인먼트, 식음 등 여러 기능을 한 장소에서 가능하게 하여, 사람들을 모이게 하는 형태를 취하고 있다. 쉽게 말하면 한 건물 또는 공간에서 모든 것이 해결 가능하도록 계획하는 것이다. 즉, 그곳에 가면 모든 것이 해결된다는 것이다. 복합쇼핑몰은 이미 현대 도시인의 소비문화와 라이프스타일의 한 축으로 자리 잡았다. 몰링이 선사하는 원스톱 라이프스타일의 편리함과 화사한 행복은 이미 현대 도시를 사는 우리 삶의 일부분인 것이다.

대만 101타워

상해 복합쇼핑몰 GRAND GATEWAY

현재 몰링은 전 세계적으로 일반적인 여가활동의 한 형식으로 인식되고 있다. 사람들은 예전처럼 공원·등산·운동장·음악당 등과 같은 곳에서만 여가시간을 보내는 것이 아니라 복합쇼핑몰 같은 새로운 공간에서 여가시간을 보내기도 한다. 몰링은 쇼핑만이 아니라 식사·게임·영화·휴식 등 다양한 문화체험을 동시에 즐기는 여가 소비 형태를 의미한다고 할 수 있다.

다양한 형태의 복합쇼핑몰이 발달한 미국·일본·홍콩 등 유통선진국에서는 쇼핑과 외식, 오락, 여가생활을 원스톱으로 즐기는 '몰링Malling'이 단순한 소비트렌드를 넘어서 라이프스타일로 자리 잡았다. 크리스티안 미쿤다가 몰에 대해 집과 일터에 이은 '제3의 공간'이라고 언급했을 정도로 몰은 현대인들에게 삶의 여유를 즐기고 편안한 여가를 즐길 수 있는 생활공간을 의미하는 것이다. 몰링을 즐기는 사람을 일컫는 몰고어·몰워커 등의 단어가 매우 익숙한 현대 사회에서 더 이상 쇼핑몰은 상품을 사고파는 행위 위주의 공간이 아니라 다양한 체험을 통해 사람을 만나고 즐기는 문화적 공간으로 변모하고 있음을 의미한다. 즉, 쇼핑의 기능이 대부분을 차지하던 기존의 전통적 쇼핑몰의 형태에서 여가·모임·약속 등의 기능이 상품을 쇼핑하는 기능과 유사하거나 더 많은 비중을 차지하는 경향이 나타나고 있다. 국내에도 이러한 몰링을 즐기는 소비자가 늘면서 2000년대 들어 대규모 복합쇼핑몰들의 개발이 붐을 이루고 있다.

몰링 = 구매 + 문화 + 레저

소비자들이 소비를 단순히 물건을 구입하는 행위가 아니라 문화활동과 결합한 일종의 '놀이'로 즐기기 시작했다는 점도 복합쇼핑몰의 인기를 높이는 요인이다. 고객들은 복합쇼핑몰 내에 있는 매장 및 레스토랑, 극장, 이벤트 공간, 광장, 서점, 문화센터 등을 돌아다니며 즐거움과 재미를 느껴야만 몰에 머무는 시간이 증가하고, 방문횟수도 증가

하는 것이다. 이를 위해 처음 설계에서부터 철저하게 고객들의 동선을 계산해 군데군데 고객들이 즐길 수 있는 흥미 유발 요소를 심어 놓고 다양한 이벤트를 통해 더 많은 고객이 더 오랜 시간 머무르도록 기획되어야 한다. 복합쇼핑몰이 성숙기를 맞은 일본·홍콩·미국 등 복합쇼핑몰 선진국에서는 친환경, 특정 유명도시 등 특정한 콘셉트로 차별화하여, 해당 복합쇼핑몰만의 문화를 만들어가는 새로운 복합몰이 속속 개발되고 있다. 현재 국내 대부분의 복합쇼핑몰은 브랜드 매장 위주로 식당, 영화관 등을 모아놓은 형태를 거쳐 다양한 편의·오락시설과 이벤트로 엔터테인먼트와 휴식의 요소가 더해진 모습의 몰로 진화해왔다. 하지만 이제는 개성 있는 콘셉트로 새로운 가치를 제공하는 '복합쇼핑몰 3.0시대'로 진화해야만 한다. 치열한 경쟁을 벌이는 복합쇼핑몰의 홍수 속에서 다른 몰과 차별화하기 위해서는 특정 테마를 내세워 몰 특유의 문화를 개발하고 이에 맞춰 고객들이 오래 머물고 싶은 쾌적하고 즐길 수 있는 환경이 조성되어야만 한다.

쇼핑과 몰링의 차이

구 분	쇼핑(shopping)	몰링(malling)
목적	물건 사기	구매 + 문화소비
규모	1만 평 내외	5만 평 이상
장소	백화점, 할인점	복합쇼핑몰
주 고객	40~50대 여성	10~40대 남녀
평균 체류시간	2시간	4~5시간
피크타임	토요일 오후	금요일 오후

또한, 몰링의 가장 큰 장점은 계절의 영향을 받지 않는다는 점이다. 대부분의 복합쇼핑몰들은 거대한 건물에 입점한 형태로 구성되어 있기 때문에 그 건물에만 들어간다면 날씨에 대한 영향을 거의 받지 않게 된다. 밖에 폭설이 내리든 비가 오든 몰링을 즐기는 것에는 지장이 없는 것이다. 또한, 지구온난화로 인해 무더워진 여름과 추운 겨울에도 외부온도와 상관없이 쾌적한 온도를 제공하기 때문에 도시민들은 그들의 여가의 많은 부분을 몰에서 해결하고 있다. 더구나 도심형 복합쇼핑몰의 경우 지하철이나 버스 등 대중교통과 바로 연결되도록 입점한 곳이 많기 때문에 접근성도 상당히 높아 도시민들의 여가공간으로 선호도가 점점 높아지고 있다.

유통업체들에도 몰링은 새로운 성장동력이다. 국내 백화점과 대형마트가 시장 포화, 비싼 토지비와 도심의 여유 부지 부족, 장기 불황 등으로 단독건물 형태로 출점하기 힘들어진 상황에서 복합쇼핑몰은 유통업체의 기회의 시장이다. 한정된 부지에 호텔, 영화관, 테마파크 등을 결합한 복합쇼핑몰은 유통업체들에 새로운 돌파구를 열어주고 있다. 이러한 이유에서 기존의 쇼핑몰들도 업그레이드를 시도하고 있다. 미국 LA의 럭셔리 쇼핑몰 '패션아일랜드'는 중세 유럽을 콘셉트로 리뉴얼 공사를 진행하였으며, 코엑스몰 등도 대대적인 리모델링을 진행하는 등 고객이 즐길 수 있는 환경을 조성하는 몰링 트렌드에 적극 동참하고 있다.

앞으로 '몰링'은 단순한 쇼핑과 놀이의 의미를 넘어서 진정한 여가와 문화의 장소로 만들어가야 할 것이다. 복합쇼핑몰을 개발하는 디벨로퍼들은 고객이 소비하려는 것이 무엇이며, 몰을 방문하는 목적이 어

   몰링, 상상 이상의 즐거움

몰링의 가장 큰 장점은 계절의 영향을 받지 않는다는 점이다. 대부분의 복합쇼핑몰들은 거대한 건물에 입점한 형태로 구성되어 있기 때문에 그 건물에만 들어간다면 날씨에 대한 영향을 거의 받지 않게 된다. 밖에 폭설이 내리든 비가 오든 몰안에서 다양한 라이프스타일을 즐길 수 있다.

싱가포르의 Ion Orchard 복합쇼핑몰의 MRT 역과의 연결통로

대부분의 복합쇼핑몰은 지하철과 연결되어 있고, 버스 등 교통의 편리한 지점에 입점해 있어 접근성이 상당히 높다.

떤 이유인지, 또 몰의 방문을 통해 고객이 어떤 경험을 얻고 싶은 것인지, 따라서 몰이 어떤 재화·서비스·시설을 제공할 것인지 등에 대해 고객의 입장을 정확히 제시할 수 있어야 한다. 즉, 소비자들이 복합쇼핑몰을 어떻게 인식하고 있으며, 이용하고 있는지를 연구해 몰의 이용행태, 고객들의 니즈, 몰링의 유형을 분석하고, 차별화된 콘텐츠 기획을 통해 '몰링족'의 마음을 사로잡아야 할 것이다.

리테일테인먼트
(Retailtainment)

'리테일테인먼트'는 리테일Retail, 소매과 엔터테인먼트Entertainment, 오락가 합쳐진 단어로, 쇼핑에 재미를 부여해 방문하는 고객들의 충성도를 높이겠다는 전략이다. 이러한 리테일테인먼트의 개념은 최근에 만들어진 개념이 아니라, 1950년대에 이미 쇼핑을 활성화하기 위해 백화점 내부에 다양한 문화와 더불어 오락과 휴게시설을 만들었던 마케팅 전략도 리테일테인먼트로 볼 수 있다.

초창기 리테일테인먼트는 다양한 휴게시설·벤치·예술작품·음악 등의 엔터테인먼트 요소를 소비자에 제공하는 방법을 활용하였다. 리테일테인먼트라는 용어는 1997년 미국에서 월마트의 샘 월튼 회장이 전미소매업대회에서 처음으로 사용한 이후 국내에서도 이를 도입하는 사례가 크게 늘어나고 있다. 1997년 월마트의 리테일테인먼트 전략은 사행심을 조장하는 고가의 경품 행사는 되도록 자제하고, 참가자 모두에게 즐거움을 주는 것을 기본으로 하였다. 월마트 매장에서 열렸던 '바나나 중량 맞추기 대회', '고리 던지기 대회', '만화 주인공 그리기 대회' 등은 모두가 참여할 수 있는 장터와 같은 매장 분위기를 연출할 뿐 아니라 꽃이나 초콜릿과 같이 작고 부담 없는 경품으로 좋은 반응을 얻었다고 한다.

리테일테인먼트(Retailtainment): 소비 = 즐거움을 주는 여가활동

리테일테인먼트의 개념이 가장 활발하게 적용된 곳은 어린이 관련 상품 분야이다. 이는 단순한 상품의 전시보다는 공간에 머무는 동안 흥미를 자극함으로써 어린이의 상품 구매를 촉진한다는 마케팅적 발상에서 비롯됐다. 대표적인 사례가 디즈니스토어이다. 디즈니스토어는 단순 판매공간이 아니라 미니 놀이공원으로 연출하였다. 디즈니의 축적된 다양한 연출경험을 바탕으로 디즈니공원에 가지 않고도 매장 방문을 통해 유사한 경험이 가능하도록 하였다. 아이들의 매장 방문을 유도하고, 매장에서 머무르는 시간을 길게 하여 판매를 강화하도록 한 것이다. 리테일테인먼트는 소비의 체험적 즐거움을 반영하는 것으로, 고객의 구매 자체를 재미와 즐거움을 유발하는 행동으로 만들어 주는 것이다.

토이저러스

토이저러스는 장난감은 즐거운 것이라는 판매 이상의 즐거움을 경험하도록 매장을 디자인하였다.

태국 방콕의 시암파라곤

방콕을 대표하는 복합쇼핑몰 중 하나인 시암파라곤의 에스컬레이터 디자인은 에스컬레이터를 타는 사람들이 마치 바닷속으로 들어가는 것 같은 느낌을 경험할 수 있도록 바닥에 그래픽디자인을 하여 공간의 즐거운 경험을 선사하고 있다.

이러한 리테일테인먼트의 궁극적 목적은 소비자를 몰로 유인하고, 더 많은 시간을 몰 내에서 보내게 하여, 구매과 재방문의 가능성을 높이는 데 있다. 즉, 상권 확대 및 매출 증대를 위해 엔터테인먼트 요소를 마케팅 믹스에 통합하는 전략으로 복합쇼핑몰 차별화를 위한 요소로 여겨지고 있다. 매장 방문 경험이 바로 매출로 연결되지 않더라도, 기억 속에 남아 있는 즐거운 경험을 통해 그 브랜드에 대한 긍정적 이미지를 형성하여 미래의 고객이 될 수 있도록 만드는 것이다. 즉, 브랜드 체험을 통해 소비자의 무의식 속에 브랜드에 대한 강력한 메시지를 강화하는 수단으로 작용하는 것이다.

최근 편의성과 즐거움, 감각적인 체험을 한곳에서 즐기는 대형 복합쇼핑몰이 유통의 트렌드로 여겨지면서, 색다른 경험과 즐거움을 제공하는 리테일테인먼트 역시 유통환경의 핵심 키워드로 등장하고 있다. 또한, 인터넷의 보편화와 소비자의 교육수준 향상으로 소비자의 전자상거래가 활성화됨에 따라 소매 기관들은 소비자를 상대로 품질이나 가격을 왜곡하기가 더 이상 불가능하게 되었다. 이러한 상황에서 포화 상태에 이른 전통적인 유통업체들은 온라인쇼핑몰과의 심화된 경쟁에서 오감이 아닌 시각만으로의 소비에 싫증난 소비자들을 다시 오프라인으로 유인하고 소비를 재미있는 것으로 만들어야만 하는 상황이 되었다. 즉, 이용객이 즐길 수 있는 다양한 콘텐츠를 개발하여 차별화를 추구하여야 한다. 이에 따라 국내 복합쇼핑몰은 리테일테인먼트의 중요성을 인지하고 엔터테인먼트 요소를 적극적으로 도입 및 확대하고 있다. 즉, 몰이 예술·문화·엔터테인먼트와의 결합을 통해 새로운 상품과 서비스를 창출해 내는 것이다. 복합쇼핑몰은 기존에 다양한 기능을 가진 시설들을 입점시킴으로써 소비자에게 원스톱 쇼핑과 레저 공간을 동시에 제공하고 있다. 그러나 이러한 시설의 결합 이외에도 고객에게 즐거움을 줄 수 있는 모든 상품과 서비스뿐만 아니라, 보고 즐기고 경험할 수 있는 다양한 콘텐츠를 제공함으로써 몰 자체를 즐기도록 해야 한다.

최근 리테일테인먼트는 테마적인 디자인을 적용하던 단계에서 콘텐츠를 강조, 스토리를 만들어 철학적인 수준까지 발전되었다. 그 대표적 예는 미국인 교육가이자 출판가인 플레전트 로랜드Pleasant T. Rowland에 의해 설립된 아메리칸 걸 플레이스American Girl Place이다. 아메리칸 걸 플레이스는 단순한 인형 판매를 넘어 좋은 이야기와 생각을 가진 책과 인형, 그리고 장난감과 소녀들이 교감한다는 콘셉트는 크게 히트했다. 아메리칸 걸 플레이스는 매장을 찾은 고객들에게 그들이 직접 경험할 수 있는 공간을 제공한다. 인형의 옷을 사람의 사이즈로 만들어 인형과 커플룩을 완성할 수 있으며, 매장 내에 위치한 카페에서는 인형과 함께 식사를 즐기고, 생일파티도 할 수 있도록 구성되어 있다, 이외에도 매장에 위치한 미용실에서는 인형의 헤어를 바꿔줄 수 있고, 인형과 같이 사진을 찍을 수 있는 포토스튜디오 등 인형을 사는 쇼핑 외에도 이용객들이 즐길거리로 가득 차 있다.

복합쇼핑몰은 소비상황이 주는 의미에 주목해야 한다. 예를 들면, 단순히 물건을 사는 곳이 아니라 휴식과 문화 공간으로 생각하게끔 하며, 어떤 제품이 어느 소비상황에 맞는지 소비자의 체험을 통해 소비자 스스로 인지하게끔 해야 한다. 이를 통해 복합쇼핑몰이 단순한 상품 구매의 공간의 아니라는 이미지를 전달시키는 감성 커뮤니케이션

아메리칸 걸 플레이스(American Girl Place)

미국의 다수의 복합몰에 입점되어 있는 아메리칸 걸 플레이스 단순한 인형 판매 상점과는 큰 차이가 있다. 아메리칸 걸 플레이스의 VMD는 아기 때부터 틴에이저에 이르기까지 성장 과정동안 자신의 연령과 외모, 성격에 적합한 인형을 선택할 수 있도록 분류, 진열되어 있다. 또한, 인형을 시대별로 도 진열하여 역사와 스토리를 부여함으로써 소녀들의 지적 호기심과 상상력을 자극하고 교육 정보를 얻을 수 있도록 치밀하게 콘텐츠를 강조한 스토리로 매장을 구성하고 있다. 또한, 매장을 찾은 고객들에게 그들이 직접 경험할 수 있는 공간을 제공한다. 인형의 옷을 사람의 사이즈로 만들어 인형과 커플룩을 완성할 수 있으며, 매장 내에 위치한 까페에서는 인형과 함께 식사를 즐기고, 생일파티도 할 수 있도록 구성되어 있다, 이외에도 매장에 위치한 미용실에서는 인형의 헤어를 바꿔줄 수 있고, 인형과 같이 사진을 찍을 수 있는 포도스튜디오 등 인형을 사는 쇼핑 외에도 이용객들이 즐길 거리로 가득 차 있다.

이 이루어져야 한다. 고객은 직접 느낄 수 있고 체험할 수 있는 커뮤니케이션을 원하며 이러한 고객의 니즈에 맞추어 바람직한 고객 체험을 창출할 수 있는 능력과 이를 가능하게 하는 정보기술, 브랜드, 통합적 커뮤니케이션 및 오락적 요소들의 개념 및 활용이 복합쇼핑몰의 성공을 결정짓는 주된 요인이 될 것이다.

특정 몰에 방문했을 때의 좋은 경험은 그 몰에 대한 좋은 이미지를 가지게 되고, 그 브랜드와 연관성 있는 브랜드들에 대한 긍정적 이미지가 높아진다. 체험은 개인의 경험이기 때문에 경험하는 개인에 따라 다양한 방식으로 지각되거나 해석될 수는 있지만, 일반적으로 사람들은 즐거운 경험을 하게 되면 긍정적인 기억으로 남게 된다. 따라서 쇼핑몰에 대한 긍정적인 태도를 높이기 위해서는 소비자에게 차별적이고 긍정적이고 즐거운 체험을 통해 고객과 소통해야 할 것이다. 어떤 경험의 제공 수단을 선택하여 실행하느냐에 따라 소비자들이 회사와 브랜드에 대해 느끼는 호감과 매력의 정도가 다를 수 있다. 이러한 관점에서 리테일테인먼트는 상품을 매력적이고, 멋있게 보이게 하는 상품 VMD 측면뿐 아니라 더 나아가 팔기 쉽고, 사기 쉽고, 보기 쉬운 소비환경을 조성하여 고객에게 '자유로운 쇼핑', '부담 없는 쇼핑', '즐거운 쇼핑' 등을 충족시켜 주어야 할 것이다. 리테일테인먼트 마케팅을 통하면 소비자가 구매에서 즐거움을 얻는 것뿐만 아니라, 일상을 탈출하고픈 욕구까지 만족할 수 있기 때문이다.

복합쇼핑몰 실내외 디자인에서도 이러한 시대적 특성들이 반영되어 고객지향적인 통합적 커뮤니케이션의 수단으로 여러 변화를 모색해야 한다. 복합쇼핑몰은 과거 판매를 목적으로 한 소비환경 디자인에서 고객의 만족을 위한 토털 환경 디자인으로 변화해야 하며 새로운 개념의 휴식 공간, 즐길 수 있는 문화 공간 등을 구성하여 고객을 맞이하여야 한다.

21세기는 감성의 시대이며, 즐거운 경험을 중시하는 시대이다. 시간의 흐름이나 환경의 변화에도 불구하고 복합쇼핑몰의 성패를 규정짓는 가장 중요한 기준은 고객욕구를 얼마나 충족시키는지 여부이다. 지금까지의 쇼핑몰은 소매업이라는 본질에 충실하고 대규모 판매점으로서의 기능만을 강조해 왔다면, 앞으로 개발되는 복합쇼핑몰은 소비자가 즐겁게 즐길 수 있는 방법을 제안해 나가는 공간으로서의 성격을 강화시켜야 할 것이다. 즉, 리테일테인먼트를 통해 복합쇼핑몰은 소비자들에게 종합적인 경험을 통한 즐거운 삶의 공간으로 발전될 것이다.

특정 몰에 방문했을 때의 좋은 경험은 그 몰에 대한 좋은 이미지를 가지게 되고, 그 브랜드와 연관성 있는 브랜드들에 대한 긍정적 이미지가 높아진다. 체험은 개인의 경험이기 때문에 경험하는 개인에 따라 다양한 방식으로 지각되거나 해석될 수는 있지만, 일반적으로 사람들은 즐거운 경험을 하게 되면 긍정적 기억으로 남게 된다. 따라서 쇼핑몰에 대한 긍정적인 태도를 높이기 위해서는 소비자에게 차별적이고 긍정적이고 즐거운 체험을 통해 고객과 소통해야 할 것이다. 어떤 경험의 제공 수단을 선택하여 실행하느냐에 따라 소비자들이 회사와 브랜드에 대해 느끼는 호감과 매력의 정도가 다를 수 있다.

메이시스 백화점 플라워 쇼

매년 봄 미국 뉴욕 맨해튼 메이시스(Macy's) 백화점에서 뉴욕시티의 봄을 콘셉트로 하여 개최하는 행사이다. 백화점 내외부를 정해진 테마나 주제에 맞게 온갖 종류의 꽃으로 장식한다. 백화점 내부의 인테리어뿐 아니라 각 매장의 디스플레이도 꽃을 활용한다. Macy's Flower Show는 뉴요커뿐 아니라 해외 관광객들도 꼭 들르고 싶어 하는 뉴욕의 봄을 대표하는 관광 아이템으로 자리 잡았다. 방문객들을 대상으로 꽃씨를 나눠주고 허브를 심어보는 체험행사를 진행하는 등 다양한 이벤트를 통해 물건을 구입하는 고객뿐만 아니라, 일반 외국 관광객까지도 메이시스로 모여들게 한다.

테넌트
(Tenant)

건축용어사전에 의하면 테넌트Tenant란 '건물의 일부를 빌리는 사람' 혹은 '임차인'으로 정의하고 있다. 즉, 테넌트란 시설개발자 혹은 시설운영자로부터 일정한 공간에 대한 임대계약을 체결하고 몰에 입점하여 영업을 하는 대상이며, 동시에 복합쇼핑몰을 이루는 구성원을 의미한다. 테넌트는 복합쇼핑몰의 개발·운영업자와 계약을 체결함으로써 복합쇼핑몰 내에서 일정 공간의 전유권리를 가지며 독자적인 영업을 보장받는다. 따라서 테넌트는 수익창출을 위한 판매력과 타 점포와 차별화를 위한 독립성, 복합쇼핑몰의 이용객 니즈에 부응하기 위한 상품 및 서비스 제공이 가능해야 한다. 이러한 관점에서 복합쇼핑몰과 테넌트의 관계는 갑과 을의 관계로 바라보기보다는 서로가 시너지효과를 줄 수 있는 협업자의 관점이 되어야 한다.

복합쇼핑몰의 테넌트가 될 수 있는 업종과 업태는 특별하게 한정되어 있지 않다. 테넌트의 범위는 매우 다양하며 우리 삶과 관계된 대부분의 업종과 업태가 테넌트가 될 수 있다. 일반적으로 테넌트는 전체 복합쇼핑몰의 콘셉트에 따라 그 업종과 업태가 계획되는데, 테넌트의 입점위치 변경, 규모 변경, 업종과 업태 등은 철저하게 수요와 공급이라는 시장논리에 의해 좌우된다.

테넌트의 구성은 복합쇼핑몰의 MD계획에 의해 최적의 업종과 업태의 테넌트를 선택하여 계획한 규모, 위치에 적절하게 배치하게 된다. 이러한 계획에 있어 지금까지는 복합쇼핑몰 계획 당시 가장 잘나가는 인지도 높은 브랜드 매장으로 채우는 것이 일반적으로 이루어졌다. 그 결과, 복합쇼핑몰은 물량적으로는 많이 오픈되고 있는데, 실제 차별화된 콘텐츠를 보유한 개성 있는 몰이 부재한 상태이다. 어느 몰을 방문하든 대부분 입점해 있는 브랜드는 유사하기 때문에 소비자에게는 반드시 그 몰을 찾아가야 할 이유가 없으며, 그 결과 본인의 활동반경에서 가장 가까운 거리에 있는 몰을 찾게 되는 것이다. 따라서 복합쇼핑몰 개발에 있어 트렌드를 반영한 테넌트 구성을 통해 새로운 콘텐츠를 제공할 수 있는 업체를 발굴해 소비자의 호응을 얻어야만 할 것이다. 또한, 테넌트의 구성은 몰의 콘셉트에 따라 계획되는데 이는 몰의 이미지와 정체성을 결정하는 요인이 된다. 따라서 테넌트는 입점하게 되는 몰에서 기대하는 자기의 역할을 항상 의식하면서, 고유의 마케팅, 머천다이징 전략을 통해 몰 전체의 발전에 기여하여야 한다. 이러한 관점에서 테넌트 고유의 경영, 머천다이징 전략, 서비스 정책의 변경은 복합쇼핑몰 전체 이미지에 영향을 미치기 때문에 단일 테넌트의 문제는 해당 테넌트에서 끝나는 것이 아니라, 복합쇼핑몰 전체에 대해 영향을 미치기 때문에 테넌트들은 복합쇼핑몰의 일원으로서 자각과 책임을 가져야만 한다.

기능에 따른 테넌트 분류 및 특징

　업종과 업태에 따라 다양한 테넌트 분류가 존재할 수 있으나, 일반적으로 테넌트는 앵커 테넌트anchor tenant와 일반 테넌트general tenant로 분류하고 있으며, 테넌트의 기능에 따라 앵커 테넌트anchor tenant, 일반 테넌트general tenant, 서브키 테넌트sub-key tenant, 마그넷 스토어magnet store, 특수 테넌트special tenant로 나누기도 한다. 앵커 테넌트는 핵심 점포로 테넌트 중에서도 집객에 가장 큰 영향력을 가진 업체를 의미하고, 일반 테넌트는 앵커 테넌트의 보완기능을 하는 소규모 점포를 말하며, 서브키테넌트는 매장 자체의 지명도보다는 업태가 가진 특성 자체가 소비자들의 수요를 꾸준히 창출하는 테넌트이며, 특수 테넌트는 해당 쇼핑센터 주변에 거주하는 지역주민에게 제공하는 서비스를 기반으로 하는 테넌트를 의미한다. 앵커 테넌트와 일반 테넌트의 역할 및 특성을 살펴보면 다음과 같다.

앵커 테넌트(anchor tenant)

　앵커 테넌트는 핵심 점포 또는 키 테넌트key tenant라고도 하며, 테넌트 중에서도 집객에 가장 큰 영향력을 가진 업체를 의미한다. 이런 의미에서 일반적으로 앵커 테넌트의 경우 몰의 기획 초기부터 콘셉트에 맞게 고정되는 경우가 대부분이다. 앵커 테넌트는 전체 복합쇼핑몰의 이미지와 성격, 영업 효율에 큰 영향력을 미치며, 국내에서는 일반적으로 대중적 지명도가 높은 유명 브랜드의 대형업체가 앵커 테넌트로 입점하게 된다. 이들 업체는 일반 테넌트에 비해 중·장기 임대계약에

최근 복합쇼핑몰은 몰이 입지한 지역주민들의 편의와 문화를 제공할 수 있는 테넌트 유치를 통해 차별화를 모색하고 있다.

의해 입점되거나, 전체 복합쇼핑몰의 개발초기단계부터 지분소유에 참여하여 매장을 소유하기도 하며, 대부분 몰의 매장 중 최대 면적을 차지하고 있다. 또한 앵커 테넌트는 다른 테넌트 유치에 영향을 미치기 때문에 복합쇼핑몰 기획 단계부터 앵커 테넌트 설정 및 입점에 많은 노력을 기울여야 한다.

특히, 경기가 좋을 때는 일반적인 앵커 테넌트도 상관없지만 불경기 시에는 사람들을 자주 방문하게 할 이유가 있도록 데이투데이트래픽 Day-to-Day Traffic을 유도할 앵커 테넌트의 역할이 매우 중요하다. 복합쇼핑몰 초기, 대부분의 디벨로퍼들은 일반적인 브랜드로 몰의 매장이 다 채워지기만 해도 충분하다고 생각했지만, 최근과 같이 몰링산업의 치열한 경쟁과 사회전반적으로 경기 하락 시에는 일반적인 브랜드 매장만으로는 고객 집객에 어려움을 겪을 수 있다.

앵커 테넌트는 고정되는 것이 아니라, 트렌드 및 시간 흐름에 따라, 소비자들의 소비가치 및 선호 브랜드의 변화에 따라 같이 변화한다. 국내에서 1990년대 말까지는 TGI, 베니건스 등 패밀리레스토랑이 앵커 테넌트의 역할을 하였으나, 2000년대 들어서는 유니클로UNIQLO, 망고Mango, 자라Zara, H&M 등 글로벌 SPA 브랜드가 앵커 테넌트의 역할을 하고 있다. 최근에는 키즈전문매장, 대형마트, 대규모 공연장, 인

앵커 테넌트의 변화

1980년대	1990년대	2000년대 초반	2010년~
영화관, 롯데월드, 아쿠아리움	TGI, 아웃백, 베니건스 등 패밀리레스토랑	유니클로, 망고, 자라, H&M 등 글로벌 SPA 브랜드	키즈전문매장, 대형마트, 유명 푸드 컨세션

주요 앵커 테넌트인 대형마트

유명 대형마트가 복합쇼핑몰의 앵커 테넌트로 입주하면 그만큼 고객 집객에 유리하고 몰 전체 영업효율에 긍정적 영향을 미친다. 앵커 테넌트 파워는 다른 브랜드 입점 결정에도 큰 영향을 미치기 때문에 기획단계부터 면밀하게 조사 분석하여 유치해야 한다.

새로운 앵커 테넌트로 각광받는 키즈전문매장

최근 복합쇼핑몰에서 키즈전문매장이 새로운 앵커 테넌트로 자리 잡고 있다. 저출산 시대임에도 불구하고 키즈 관련 시장은 매년 확장되고 있다. 하나밖에 없는 자녀에게 최고의 양육 환경을 제공하고자 하는 부모들의 욕구가 커지고 있기 때문이다. 키즈전문매장들은 부모들에게는 휴식을, 아이들에게는 즐거운 놀이문화의 경험을 제공하는 체험공간으로 변모하고 있다. 복합쇼핑몰에 키즈전문매장을 입점시키면 가족 단위 고객 유입이 가능하여 집객 효과가 매우 높다.

지도 높은 식음업체 등 다양한 범위의 독창적인 테마를 가진 테넌트들이 앵커 테넌트로 등장하고 있다.

일반 테넌트(general tenant)

일반 테넌트는 매우 다양한 업태과 업종을 가지며, 앵커 테넌트 외의 고객의 니즈를 충족시켜줄 수 있는 소규모의 점포를 의미한다. 일반 테넌트는 대중적 서비스를 제공하는 역할을 담당하며 규모는 50~150㎡ 수준으로 작지만, 평당 매출효율이 높은 것이 특징이다. 이러한 일반 테넌트는 수요와 공급이라는 시장의 원리에 의해 입점된다. 다양한 업종과 업태의 브랜드 매장, 프랜차이즈 매장, 특정 분야에 특화된 개인 매장 등이 일반 테넌트로 몰에 입점해 있다. 몰의 매출 효율을 높이기 위해서는 일반 테넌트끼리 상호 간 최선의 상승효과를 발휘할 수 있도록, 위치 및 규모가 계획되어야 한다.

테넌트 믹스(tenant mix)

복합쇼핑몰 개발에 있어 몰 개발의 방향성과 콘셉트가 설정되면, 복합쇼핑몰 개발의 기본 콘셉트에 따라 주요 메인타깃 고객을 설정하고 기본 콘셉트에 기초한 업종·업태구조·조합·배치계획을 진행하게 된다. 테넌트 믹스란 최적의 업종·업태의 테넌트를 선택하여 계획된 규모, 위치에 적정하게 배치하는 방법을 의미한다. 즉, 복합쇼핑몰 내의 최적의 테넌트 조합을 말하는 것이다. 테넌트 믹스는 복합쇼핑몰의 성

　　　　　　　　　　　　　　　　　　　　몰링, 상상 이상의 즐거움

일본 이온레이크타운

패를 좌우하는 중요 요소이다. 일반적으로 앵커 테넌트를 먼저 결정하고, 그 외의 일반 테넌트의 업태구성과 세분화로 진행된다.

일반적으로 대규모 복합쇼핑몰의 테넌트 믹스 시 테넌트 구성의 대상이 될 수 있는 테넌트의 업종과 업태는 매우 다양하다. 그러나 수요에 따라 차이가 있지만 어느 것도 이용자에게는 없어서는 안 되는 업종이기 때문에, 입지·용도·상권구조·이용객·경쟁업체 등의 상황에 따라 테넌트를 계획한다. 그러나 최근과 같이 복합쇼핑몰 간 경쟁이 심화된 상황에서는 다른 몰과의 차별화를 위해 의도적으로 특화시킨 테넌트 믹스가 필요하다. 특히, 복합쇼핑몰의 개점 후 앵커 테넌트의 교체는 매우 어려운 문제이기 때문에 테넌트 배치에 주의해야 한다. 성공적인 테넌트 믹스를 위해서는 다양한 상품과 서비스를 제공하는 매장들의 조화로운 다양성이 반드시 전제되어야 한다.

테넌트가 구성되면 테넌트 상호간 최상의 시너지효과를 위해 최적의 배치가 계획되어야 한다. 배치 계획은 연관관계가 높은 테넌트 배치를 통해 시너지효과를 유발하도록 해야 하며, 이용객의 동선 흐름을 고려하여 수직·수평 동선이 균형적으로 이루어지도록 계획하여야 한다.

일반적인 테넌트 믹스 과정은 '업태믹스-업종믹스-테넌트믹스-아이

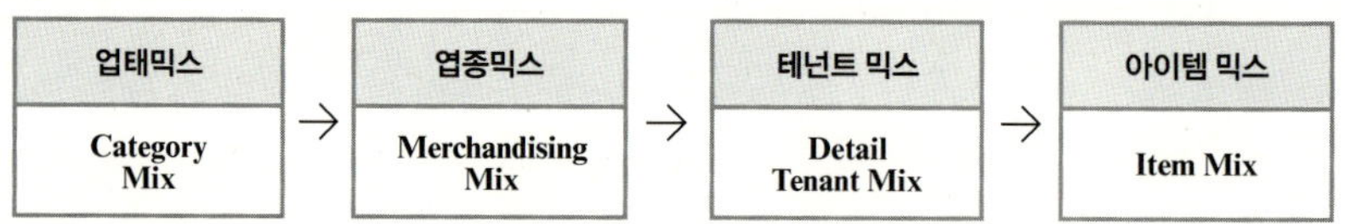

테넌트 믹스 프로세스

　　　　　　　　　　몰링, 상상 이상의 즐거움

템믹스'의 프로세스로 진행된다.업태믹스는 앵커 테넌트와 일반 테넌트의 비율 및 매장면적을 조합하는 과정을 의미하며, 업종믹스는 업태믹스에서 결정된 면적에 효율적인 업종조합, 업종그룹별 매장면적, 성격 등을 계획하는 과정이며, 테넌트믹스는 업종믹스에 기초하여 각 테넌트의 성격별 믹스를 결정하고 이에 기초하여 구체적 점포 및 브랜드를 리스트업하는 과정이고, 마지막으로 아이템믹스는 테넌트별로 취급하고자 하는 구체적 상품의 아이템 및 가격대를 설정하는 과정을 의미한다. 즉, 앵커 테넌트가 결정되면 업태 구성과 세분화 작업이 진행되며 각층의 배치계획이 이루어지고, 임대조건 등의 기준이 설정되면 테넌트 믹스가 본격적으로 시작된다. 테넌트 믹스는 개장 이전 MD계획에 의해 고정되는 것이 아니라, 오픈 이후 시간의 흐름에 따라 소비자의 브랜드에 대한 호불호에 의해 지속적으로 변화한다.

몰링 산업의 경쟁이 심화된 상황에서는 다른 몰과의 차별화를 위해 의도적으로 특화시킨 테넌트 믹스가 필요하다.

컨세션
(Concession)

컨세션Concession의 사전적 의미는 면허, 이권, 대리점운영권을 말하는 용어로 극장이나 공원 내의 시설운영권을 지칭하는 단어이다. 일반적으로 복합쇼핑몰에서 컨세션사업의 의미는 특정 기업이 공공시설 내의 서비스시설을 허가받아 운영하는 것으로, 방문하는 고객을 대상으로 복합쇼핑몰 내에서 운영되는 통합적 식음료 서비스를 제공하는 사업을 말하며, 시설외식이라고도 불린다. 국내에서는 지난 2000년 인천국제공항이 오픈되면서, 공항 내 식음사업부문에 CJ프레시웨이, 두산 등 대기업이 진출하면서부터 컨세션사업이라는 단어를 처음 사용하기 시작했다. 이미 미국이나 유럽 등 선진국에서의 컨세션사업 분야는 70조 원 정도의 거대한 시장을 형성하고 있으며, 국내 컨세션 시장 규모 역시 현재 약 3조 원대를 형성하는 등 외식전문기업 및 대기업들이 이 분야에 관심을 가지고 적극 진출하고 있다. 국내 복합쇼핑몰 내에 운영되는 컨세션은 일반적으로 특정기업이 소유하고 있는 외식 관

국내 외식전문기업에서 운영하고 있는 컨세션

련 브랜드를 모두 집결시키고, 이외 현재 외식 트렌드에 있어 소비자들에게 인기 있는 브랜드를 함께 동일 장소에 모아서 한 번에 보여주고 즐길 수 있도록 하는 형태를 취하고 있다.

국내 외식시장 규모가 급성장하면서, 위탁급식 전문기업, 외식전문기업들에 컨세션 시장은 사업 확장을 위한 새로운 수단이 되고 있다. 이렇듯 컨세션 시장은 국내 외식시장의 새로운 수익모델로 급부상하고 있으며, 사업영역 확대를 통한 수익구조 다변화가 가능하여 수익 악화에 대한 위험을 완화시킬 수 있어 글로벌 외식전문 기업으로 발돋움할 수 있는 계기가 되고 있다. 또한 컨세션 시장에서의 해당 컨세션의 식음매장을 찾는 고객들을 통해 기업의 이미지 상승효과까지 얻을 수 있기 때문에 컨세션 사업은 매우 매력적인 시장으로 인식되고 있다.

컨세션 관련, 고급스러운 F&B 콘텐츠는 고객 집객의 중요한 요소로 작용하고 있다. 유명 프랜차이즈레스토랑, 지역의 유명한 맛집, 해외유학파 오너셰프가 운영하는 입소문난 맛집 등 국내외 유명 외식업체가 다양하게 입점하면 가족단위 고객, 연인, 각종 모임 등의 니즈를 해결할 수 있기 때문에 최근 오픈하는 몰 중 컨세션을 앵커 테넌트로 구성하는 경우도 있다. 즉, 잘 짜인 컨세션은 외식이 아닌 다른 목적으로 쇼핑몰에 고객을 유입할 수 있다. 반면, 다른 목적을 위해 몰을 방문한 고객들을 확보된 주 고객층으로만 인식하여 컨세션에 대한 특별한 마케팅과 콘텐츠를 확보하지 않으면 오히려 해당 몰의 식음 관련 영업효율이 저하되는 위험성을 갖게 된다.

복합쇼핑몰 내에서 컨세션이 성공하기 위해서는 입점하는 몰의 이용고객의 특성을 파악해야 하며, 이에 적합한 브랜드와 외식업체를 선정해 운영해야 한다. 또한, 레스토랑 트렌드 변화에 민감하게 반응하여, 기존의 단조롭고 획일적인 식음시설에서 벗어나 차별화된 메뉴구성과 콘셉트 설정이 무엇보다 중요하다.

Antico Posto	Joe's	Reel Club
Big Bowl	L. Woods	RPM Italian
Big Bowl Chinese Express	L2O	Saranello's
Cafe Ba-Ba-Reeba!	M Burger	Scoozi!
Community Canteen	M Street Kitchen	Shaw's Crab House
Di Pescara	Maggiano's Little Italy	Stella Rossa Pizza Bar
Don & Charlie's	Magic Pan Crepe Stand	Stripburger at El Segundo Sol
Eiffel Tower	Mity Nice	Tokio Pub
El Segundo Sol	Mon Ami Gabi	Tru
Everest	Nacional 27	Tucci Benucch
Foodease	Osteria Via Stato	Twin City Grill
foodlife	Paris Club	Wildfire
Frankie's 5th Floor Pizzeria	Petterino's	Wow Bao
Frankie's Scaloppine	Pizzeria Via Stato	
Hub 51	R.J. Grunts	

미국 유명 컨세션 Lettuce entertain you의 라인업

Lettuce entertain you는 1971년에 처음 레스토랑을 오픈한 이후 레스토랑의 회사의 네트워크를 확대하여 성공한 레스토랑 컨설팅팅 및 레스토랑 개발 회사이다. 이미, 1980년대 중반에 4천만달러의 연간 매출을 올렸다. 창업이후 70개의 각기 다른 컨셉의 130개의 레스토랑 브랜드를 오픈하였다. 각각의 브랜드는 레스토랑 고유 콘셉트, 메뉴, 가격이 모두 다르게 설정되어 있다.

　몰링, 상상 이상의 즐거움

한식 컨세션_한식소담길

한식 푸드컨세션 한식소담길은 5개의 개성 있는 한식테마의 브랜드 스토리를 통해 다양한 한식을 경험할 수 있는 차별화된 콘텐츠로 소비자들의 관심을 끌고 있다.

컨세션은 일반적으로 특정 기업이 소유하고 있는 외식 관련 브랜드를 모두 집결시키고, 이외 현재 외식 트렌드에 있어 소비자들에게 인기 있는 브랜드를 동일 장소에 모아 한 번에 보여주고 즐길 수 있도록 한다.

컨세션 관련 고급스러운 F&B 콘텐츠는 고객 집객의 중요한 요소로 작용하고 있다. 복합쇼핑몰 내에서 컨세션이 성공하기 위해서는 몰의 메인 이용고객의 특성을 파악해야 하며, 이에 적합한 브랜드와 외식업체를 선정해서 운영해야 한다. 또한, 레스토랑 트랜드 변화에 민감하게 반응하여, 기존의 단조롭고 획일적인 식음시설에서 벗어나 현재 트렌드를 리드하고 있는 외식 콘텐츠를 적극 반영하는 것이 중요하다.

MEXX
03

복합쇼핑몰의 유형과 특징

복합쇼핑몰은 공간구성방식, 운영방식, 물리적 배치, 상권 등에 따라 다양한 기준에 의해 분류되고 있지만, 국제쇼핑센터협의회ICSC, International Council of Shopping Center에서는 쇼핑몰의 유형을 크게 물리적 배치 형태에 따른 분류와 상권에 따른 분류로 구분하고 있다.

물리적 배치 형태에 의한 분류

물리적 배치 형태에 따른 분류는 몰Mall과 옥외센터Open Air Center, 혼합센터 형태로 나뉜다. 몰은 지붕이 있는 건물 내에 점포들이 입점되어 있는 형태로 정의하고 있으며, 중앙집중식 시스템에 의해 공기, 온도, 조명을 조절하여 1년 내내 쾌적한 환경 조성이 가능하다.

옥외센터는 오픈스페이스에 연결된 각각의 개별 점포들이 한 단위 건물처럼 관리되는 유형을 의미한다. 각각의 개별 점포들이 실외에 오픈된 형태로 연결되어 있지만, 캐노피로 상가 전면을 연결한다. 혼합센터는 다른 유형 또는 그 이상의 요소가 결합된 형태의 쇼핑몰을 말한다. 일반적인 혼합유형으로 메가몰(몰, 파워센터, 아웃렛의 결합), 파워 라이프스타일센터(파워센터, 라이프스타일센터의 결합), 엔터테인먼트 리테일센터(엔터테인먼트를 포함하는 리테일) 등이 있다.

몰(Mall)

복합쇼핑몰에서 일반적으로 '몰'이라 함은 지붕이 있는 건물 내에 점포들이 입점되어 있는 형태를 의미하며, 중앙집중식 시스템에 의해 공기, 온도, 조명을 조절하여 1년 내내 쾌적한 환경 조성이 가능하다.

옥외센터(Open Air Center)

옥외센터는 오픈스페이스에 연결된 각각의 개별 점포들이 한 단위 건물처럼 관리되는 유형을 의미한다.

상권에 의한 분류

상권에 따른 분류는 근린형 센터Neighborhood Center, 지역형 센터 Community Center, 광역형 센터Regional Center, 초광역형 센터Super regional Center로 나뉘고 있다. 이들의 차이점은 개별 매장의 규모 및 상품구성 이 편의용품이냐 패션상품에 초점이 되어 있느냐에 의해 구분한다.

머천다이징에 의한 분류

명칭(타입)	초점	매장규모(㎡)	테넌트수(개)
Neighborhood Center	편의	2,790~13,950	10~30
Community Center	편의	9,300~32,550	20~40
Regional Center	패션	37,200~74,400	50~150
Super regional Center	대형상권, 다양한 구색	74,400~	150 이상

쇼핑몰은 머천다이징에 따라서 패션센터·파워센터·테마센터·아웃렛의 네 가지 형태로 분류된다. 이들은 매장 규모면에서는 큰 차이를 보이지는 않지만 핵심 점포와 주요 아이템에서 차이가 있으며, 상권의 세분화와 전문화에 따라 더 다양하게 구분될 수 있다.

명칭	특징	매장규모(m^2)	앵커 테넌트
패션 센터	- 전문품목 취급 - 디자이너와 캐릭터 브랜드의 패션 매장 중심	7,400~ 23,250	패션 전문점
파워 센터	- 종합대형의 부지와 주차장 구비 - 경제성, 전문화, 종합화	23,250~ 55,800	카테고리 킬러 할인점
테마 센터	- 주목적시설은 레저, 오락, 관광 등 부가시설로 판매시설을 확장한 형태 - 디자인 등 개별 점포마다 통일된 테마 적용 - 주 타깃은 여행객	7,440~ 23,250	레스토랑 엔터테인먼트 시설
아웃렛	- 직영점 형식으로 운영 - 여러 점포가 한 건물에 위치하거나 빌리지 형태로 구성	4,650~ 37,200	브랜드의 아웃렛 매장

입지에 따른 분류

입지에 따른 분류는 복합쇼핑몰이 도심 내부에 위치하나, 도심 외곽에 위치하나에 따라 도심형과 교외형으로 구분된다.

도심형 몰

교외형 몰

건축 계획적 특성에 따른 분류

건축 계획적 특성에 따라 복합쇼핑몰은 가로형Street type, 탑상형Tower type, 다발형Bundle type으로 나눈다.

가로형(Street type)

가로형은 점포들이 저층으로 구성되며, 직선이나 격자형으로 배치된 연속된 보행로 주변으로 점포들이 배치된다. 소비자들은 직선 및 격자형으로 계획된 거리를 걸으면서 복합쇼핑몰을 구성하는 다양한 테넌트들을 즐길 수 있다. 가로형의 경우 보행통로의 역할을 하는 가로의 구성이 매우 중요하며, 엔터테인먼트와 관련된 테넌트는 소비자가 접근하기 어려운 위치나 몰링을 하면서 걷게 되는 가장 최종 지역에 배치하여 몰을 방문한 고객들의 동선을 건물 전체로 활용할 수 있도록 계획하여야 한다. 또한, 소비자의 이동 동선을 유도해야 하기 때문에 배경 엔터테인먼트에 해당하는 요소에 대한 디자인이 중요하다. 국내의 대표적인 가로형의 복합쇼핑몰로는 라페스타와 웨스턴돔 등이 있다

탑상형(Tower type)

도심에 개발되는 대부분의 복합쇼핑몰의 형태는 탑상형이다. 탑상형은 도심의 비싼 지가로 인해 지상의 면적을 줄이고 공간을 수직동선을 활용한 고층으로 올려 활용하기 때문에, 엘리베이터나 에스컬레이터와 같이 보행동선을 보조해 줄 수 있는 시설을 통한 동선계획이 중요하다. 영화관 등의 엔터테인먼트 관련 테넌트들이 수요자를 끌어들

가로험 몰

탑상형 몰

이는 중요한 역할을 수행하기 때문에 대체로 건축물의 상층부에 배치
되는 경우가 많으며, 유동인구들의 관심을 끌어 집객에 도움이 될 수
있도록 건물입구에 이벤트 무대를 활용한다. 탑상형은 대부분 고층화
되는 건물형태를 취하고 있기 때문에 그 지역의 랜드마크가 되는 경우
가 많으며, 해당지역 활성화에 기여하는 바가 크다. 그러나 고층화로
인해 주변지역의 일조권, 통풍권 등 환경적인 문제가 발생할 수 있고,
고정된 공간 사용으로 인해 환경변화의 유연하게 대처하기 어려운 점
이 있다.

다발형(Bundle type)

다발형은 건물별로 복합화된 형태를 의미한다. 서로 연관성 있는 인
프라, 시설, 기능, 기술, 소프트를 효과적으로 결합하고 이들 간에 서로
유기적인 상승효과를 내도록하여 경쟁력과 효율을 극대화하는 개발
형태이다. 도심 내부에 위치하게 되는 다별형의 복합쇼핑몰의 경우,
고층건물의 형태로 개발되며 주거, 업무, 호텔 등의 기능들이 건물의
상부에 위치하고 건물 하부에는 쇼핑, 엔터테인먼트, 공공지원시설,
주차시설 등으로 구성한다. 서로 다른 용도의 시설의 저층부를 결합시
켜 개발하는 경우, 시설의 기능들이 건물별로 분리되어 있어, 다양한
기능을 즐기기 위한 목적으로 방문하는 이용자 측면에서는 불편할 수
있다. 또한 동일 규모의 부지에서 같은 용적률을 적용했을 시 오픈스
페이스의 면적이 감소하는 단점이 있다. 각 건물의 연결부, 중정, 파사
드를 배경 엔터테인먼트요소로 활용하는 방법 등 매개적 구성요소가
중요하다.

국내 복합쇼핑몰의 분류

국내 복합쇼핑몰의 유형을 미국의 쇼핑센터 분류경향과 국내의 현상을 가감하여 지역규모와 특성별로 분류하여 엔터테인먼트형, 테마센터형, 어반리조트형, 레저리조트형으로 구분한다.[+]

구분	유형	조건
지역규모 및 특성	엔터테인먼트형	- 기초마켓 100만~300만 이상 광역도시 - 8만~15만㎡ 규모 - 3~4개 핵점, 전문점 200~300점
	테마센터형	- 기초마켓 15만~50만 이상 신개발도시 - 2만~4만 5천㎡ 규모 - 1~2개 핵점, 전문점 70~125점
	어반리조트형	- 기초마켓 10만~60만 이상 재개발상권 - 1만2천~4만5천㎡ 규모 - 1~2개 핵점, 전문점 70~180점
	레저리조트형	- 기초마켓 200만~300만 이상 신흥발전지역 - 8만~10만㎡ 규모 - 24개 핵점, 전문점 200~300점

[+] 이동훈, 이경원, 대구보효(大久保孝), SC개발전략(Shopping center development& strategy), 다이아몬드컨설팅, 2004, p.231 표6-2

복합쇼핑몰을
바라보는 눈높이

색다른 즐거움

최근 복합쇼핑몰의 홍수 속에서, 소비자들은 기존의 쇼핑에서 경험할 수 없는 새로운 즐거움을 맛보고 있다. 또한, 복합쇼핑몰을 찾는 고객들은 특정한 상품을 구매하기 위해 몰을 방문하기도 하지만, 다른 즐길거리를 위해 몰을 방문하는 경우가 점점 증가하고 있다. 이러한 상황에서 복합쇼핑몰은 소비자의 관심을 어떻게 끌 것이며, 관심을 끈 이후 팔고자 하는 상품과 서비스의 가치가 더 매력적으로 보이도록 하기 위해 무엇을 해야 하는지 끊임없이 고민해야만 한다. 이러한 고민의 해답 중 한 가지가 즐거움에 대한 경험을 제공하는 방법론이다. 특히, 즐거움, 펀(fun), 여가 등의 개념이 우리 사회의 키워드로 등장함에 따라 복합쇼핑몰은 고객들에게 즐거움을 선사하기 위한 다양한 방법을 모색해야만 한다. 즉, 복합쇼핑몰은 단순하게 판매 촉진을 위해 즐길거리를 도입하기보다는 실제로 복합쇼핑몰 자체를 즐거운 장소 그 자체로 만드는 것이 더욱 중요해지고 있다.

　　과거에는 제한된 공간에 최대한 입점업체 수를 늘리는 것이 복합쇼핑몰 운영업체의 전략인 경우가 대부분이어서, 매출을 동반하지 않는 즐거움을 주는 요소의 적용에 대해 영업효율을 저하시키는 요인으로 여기는 경우가 많았다. 그러나 전자상거래의 활성화로 유통산업의 디지털화가 정착됨에 따라, 쇼핑환경에 있어 소비자들에게 즐거움을 제공하는 것이 매우 중요한 요소로 여겨지고 있다. 일례로, 우리가 인터넷을 접속하면 만날 수 있는 수많은 온라인쇼핑몰에서 우리가 알고 있고 사고 싶은 전 세계 모든 브랜드의 상품과 서비스가 24시간 365일 판매되고 있기 때문에, 입점 업체와 브랜드의 다양한 구성으로 복합쇼핑몰을 차별화하기에는 어려움이 많다. 소비자의 입장에서는 단순히 제품 구매 목적만 가지고 몰을 이용하기에는 동기부여가 부족한 시대가 도래한 것이다. 소비자들은 몰을 방문함으로써 체험하는 다양한 소비경험, 즐거운 경험, 새로운 경험 자체를 추구하기 때문이다. 이러한 의미에서 소비·판매라는 행위에 있어서도 핵심적인 요소로 즐거움을 추구하는 엔터테인먼트 요소를 강화시키는 것이 점차 주요요소로 여겨지고 있다. 즐겁고, 재미있는 감정은 남녀노소, 동서고금을 막론하고 누구나 공감하는 감정이며, 긍정적 에너지를 발생시키는 기폭제이다. 복합쇼핑몰은 문화적 콘텐츠와 연관되어 복합여가휴식공간의 성격이 강화되는 형태로 개발되고 있다. 즉, 몰들은 그 시대에 트렌드를 형성하고 있는 문화현상과 연동하여 다양한 즐길거리와 즐거운 경험을 판매하고 서비스해야 한다. 소비자들에게 몰을 방문한 경험을 재미있고 신나는 경험으로 만들어줌으로써 복합쇼핑몰로 소비자들을 지속적으로 방문하게 만들고, 몰을 방문한 소비자들은 더 많은 시간을 몰 내에서 소비하게 하여, 궁극적으로 몰 안에서 다양한 소비를 촉진시키고 재방문의 가능성을 만들어주어야 한다. 즐거움을 만드는 방법에 대해 다각적 방면에서 연구해야 한다. 하나의 방법론에 얽매이기보다는 다각적인 접근으로 다양한 아이디어를 적용해야 한다. 소비가 이루어지는 장소의 분위기, 이미지를 통해 소비자의 감각을 자극하여 즐거운 체험을 창출하는 데 초점을 두어야 하며, 소비하는 상황 그 자체를 중요시여겨야 한다. 즉, 실제 소비 상황에 대해 철저히 연구해야 한다. 상품이나 서비스의 특정한 소비 상황에서 소비자들이 원하는 경험, 가치가 무엇인지를 파악해 그것들을 최대한 즐거움의 감정으로 활성화시킬 수 있는 다양한 방법론을 구사하는 것이다. 시각·청각·후각·미각·촉각에 호소하여 소비자들에게 즐거움과 새로움을 제공해 긍정적인 인상을 심어줄 수 있도록 감각을 자극하는 요소·스타일·테마 등을 제공해야 한다. 이는 몰을 방문하는 고객들을 이성적인 존재뿐만 아니라 동시에 감성적인 존재로 파악하고 고객들에게 체험을 제공하는 제공자가 되어 감정적·감각적 관계를 맺을 수 있어야 한다는 것을 의미한다. 이러한 의미에서 복합쇼핑몰은 고객이 필요로 하는 새로운 가치를 발굴하고 사업화하는 것을 비즈니스의 핵심으로 해야 한다. 고객의 욕구를 파악하고, 가치를 부여할 수 있는 개념을 상품화하여 제공하는 것이 중요하다. 즉, 소비자의 총체적인 긍정적 경험에 집중해야 하는 것이다. 고객이 몰 방문을 통해 경험하는 것에 대한 느낌은 소비자의 감정이다. 고객의 행동은 고객의 체험, 복합쇼핑몰과 상호작용적인 것이므로 고객의 복합쇼핑몰에 대한 충성도를 높이는 데 크게 기여한다. 즉, 즐길거리, 즐거움을 줄 수 있는 요소들은 모두 몰과 소비자의 관계를 형성하

일본 도쿄 마루노우치 브릭스퀘어

복합쇼핑몰은 고객들에게 즐거움을 선사하기 위한 다양한 방법을 모색해야만 한다. 즉, 복합쇼핑몰은 단순하게 판매 촉진을 위해 즐길거리를 도입하기보다는 실제로 복합쇼핑몰 자체를 즐거운 장소 그 자체로 만드는 것이 더욱 중요해지고 있다.

몰은 그 시대에 트렌드를 형성하고 있는 문화현상과 연동하여 다양한 즐길거리와 즐거운 경험을 판매하고 서비스해야 한다. 소비자들에게 몰을 방문한 경험을 재미있고 신나는 경험으로 만들어 줌으로써 복합쇼핑몰로 소비자들을 지속적으로 방문하게 만들고, 몰을 방문한 소비자들은 더 많은 시간을 몰 내에서 소비하게 하여, 궁극적으로 몰 안에서 다양한 소비를 촉진시키고 재방문의 가능성을 만들어주어야 한다.

기 위한 것이다. 몰은 고객과의 관계를 형성하는 데 소통의 역할을 하는 즐거움을 줄 수 있는 다양한 요소들을 적극적으로 개발해야 한다.

복합쇼핑몰은 다양한 시설들과의 결합, 소비가 이루어지는 장소의 이미지를 통해 소비자의 감각을 자극하여 즐거운 체험을 창출하는 데 초점을 두어야 한다.

대부분의 산업은 상품의 기능과 효용가치에 의존하지만, 복합쇼핑몰 관련 산업에 있어 즐거움에 대한 소비는 비효용성에 기반한다. 즉, 소비자는 기능보다는 그들의 감성을 움직일 수 있는 주관적 경험으로부터 얻은 가치를 중요하게 여긴다. 소비자를 움직이고 세상에 긍정적 방향을 불러일으키기 위해서는 무언가 소비자의 마음속에 기쁨이나 감동을 주기 위해서 예상하지 못한 어떠한 것을 제공하거나 혹은 정서적 동질감을 전달하는 방법을 통해 사용해야 한다. 스포츠·음악·영화·방송콘텐츠·게임·애니메이션·이벤트·축제 등 전반적으로 우리의 생활에 즐거움을 주는 모든 분야가 복합쇼핑몰 콘텐츠 기획에 포함된다고 할 수 있겠다. 다양한 콘텐츠를 통해 경험한 즐거움과 이를 통해 형성된 긍정적 감정은 소비자의 마음을 움직일 수 있는 강력한 힘이 된다. '즐거움'이란 감정의 특징은 생명주기가 짧고 강렬하며, 고객의 마음에 미치는 파급력은 빠르고 강하다는 데 있다. 반면, 고객은 체험된 경험에 대해서, 다음에 같은 경험을 체험했을 때, 반응이 감소돼 경험에 있어 계속적인 즐거운 감정을 위해 새로운 내용과 형식을 추구하는 경향이 있다. 실제로 영화관과 쇼핑몰이 결합된 국내 최초의 복합쇼핑몰은 그 당시 사회적·문화적으로 큰 이슈를 일으켰으나, 최근 이런 유사한 결합의 홍수 속에서 많은 몰들이 영업효율에 어려움을 겪고 있다. 이

　　　　　　　　　　　　　　　　몰링, 상상 이상의 즐거움

미, 유사한 결합을 여러 번 경험한 소비자들에겐 새롭지 않은 형식이 되어버린 것이다. 즉, 즐거움에는 반드시 '새로움'이 동반되어야 한다. 기존에 경험하지 못한 새로움 속에서 즐거운 분위기가 조성된다면 고객의 소비 전반에 긍정적 영향력을 끼치지만, 그 반대의 경우에도 고객에게 외면당하기 쉽다.

소비자의 마음속에 기억된 복합쇼핑몰 환경에 대한 경험은 소비자의 몰에서의 소비태도에 영향을 줄 수 있다. 최근, 유통산업은 전쟁터를 방불케 한다. 전통백화점의 형태 등은 새로운 시장에 진입하거나 또는 할인, 고객 품질, 서비스 등을 강조함으로써 재포지셔닝하고 있다. 그 결과 소비자들은 좀 더 많은 형태의 유통업체들 사이에서 선택을 하게 되었다. 이와 함께 소비자들은 기본적인 욕구해결을 위한 것이 아닌, 심리적인 만족과 가치를 줄 수 있는 서비스와 유통 형태를 찾게 되었다. 몰을 찾는 고객에게 있어서 가치는 가격과 품질 등의 한 가지 요인으로 결정되는 것이 아니라, 상품 품질, 서비스 수준, 쇼핑 환경, 점포 내에서 이루어지는 쇼핑 경험, 점포 이용의 편리성, 개인의 라이프스타일, 시간, 즐거움과 문화 등 여러 가지 복합적인 요인들의 결합으로 결정되고 있다. 소비자들의 이러한 요구에 대해, 몰에서의 경험 자체가 소비자들에게 긍정적인 영향을 주고, 이를 통하여 일회성 방문고객을 반복고객으로 바꿀 수 있는 가치를 전달할 수 있도록 노력해야 한다. 즉, 복합쇼핑몰이 시장에서 우위를 차지하고 유지하기 위해서 무엇이 소비자의 몰에 대한 가치 인식에 영향을 미치는가에 주목해야 한다. 즉, 어떤 체험을 통한 자극이 어떠한 특정 긍정적 감정을 유발할 수 있는지 이해해야 할 뿐 아니라 이 과정에 핵심 주체인 소비자의 대한 전략적 분석이 요구된다. 즉, 즐거운 경험이 복합쇼핑몰 개발의 중요 키워드로 설정하여 매력적인 브랜드와 상품은 기본이고, 즐거움과 새로움을 경험할 수 있는 체험형 소비나 서비스 등을 기획하여 새로운 수요를 창출하는 것이 복합쇼핑몰 성공의 포인트가 될 것이다. 몰에서의 다양한 경험은 소비자의 몰에 대한 태도와 인지에 영향을 준다. 따라서 개발자들은 몰에 대한 경험 기반의 소비자 가치를 분석하여, 이를 각각 몰의 상황에 맞도록 적용시키는 것이 필요하다. 예를 들어 같은 기업의 브랜드에서 개발한 복합쇼핑몰이라도 도심 내부에 위치하는지 혹은 도심 외곽에 위치하는지에 따라 소비자가 원하는 상품 및 서비스의 가치는 다르기 때문에 각각의 몰 상황에 적합한 콘텐츠 적용을 통한 비즈니스 모델 개발은 필수적이다. 일본 지바현에 위치한 '이온몰 마쿠하리신도심'은 일본의 대표 유통기업인 이온그룹에서 개발한 복합쇼핑몰로 남녀노소를 아우를 수 있는 공간구성에 다양한 즐길거리를 통해 주목을 받고 있다. 각각 4개의 테마로 구성된 4개의 쇼핑센터가 하나의 복합쇼핑몰을 구성하고 있다. '어른' 테마의 그랜드몰GRAND MALL, '가족' 테마의 패밀리몰FAMILY MALL, '스포츠 & 가전' 테마의 액티브몰ACTIVE MALL 그리고 '애완동물' 테마의 펫몰PET MALL로 구성하고 각각의 몰은 규모도 내용도 충실하다. 또한 의료·금융·레저·휴식·취미생활 등에 대한 소비자 욕구를 실내에서 최대한 수용할 수 있도록 다양한 테넌트를 유치하여, 영어학원·악기교습소·요리학원·결혼상담소·금융상담센터·서점·여행사까지 입점해 있다. 최근 사회 트렌드를 반영하여 반려동물 동반 쇼핑객을 대상으로 한 펫몰도 소비자들에게 매우 큰 인기를 얻고 있다. 24시간 야간 동물병원과 반려

일본 지바현에 위치한 '이온몰 마쿠하리신도심'

일본 지바현에 위치한 '이온몰 마쿠하리신도심'은 남녀노소를 아우를 수 있는 공간구성과 다양한 즐길거리를 통해 주목을 받고 있는 복합쇼핑몰이다. '이온몰 마쿠하리신도심'은 각각 4개의 테마로 구성된 4개의 쇼핑센터가 하나의 복합쇼핑몰을 구성하고 있다. "어른" 테마의 그랜드몰 (GRAND MALL), "가족" 테마의 패밀리몰(FAMILY MALL), "스포츠 & 가전" 테마의 엑티브몰(ACTIVE MALL) 그리고 "애완동물" 테마의 펫몰(PET MALL) 로 구성하고 각각의 몰은 규모도 콘텐츠도 충실하다.

'이온몰 마쿠하리신도심' 의 펫몰(PET MALL)

'이온몰 마쿠하리신도심'의 펫몰은 소비자들에게 매우 큰 인기를 얻고 있다. 최근 사회트랜드인 반려동물의 가족이라는 테마를 반영하여 24시간 야간 동물병원과 반려동물을 위한 미용실 · 호텔 · 놀이터 · 동물병원 · 카페가 모두 한곳에 모여 있다. 반려동물과 함께 차도 마시고 산책도 하고 쇼핑도 할 수 있어, 반려동물과 함께 사는 도시민들의 뜨거운 호응을 얻고 있다.

스포츠, 음악, 영화, 방송콘텐츠, 게임, 애니메이션, 이벤트, 축제 등 전반적으로 우리의 생활에 즐거움을 주는 모든 분야가 복합쇼핑몰 콘텐츠 기획에 포함된다고 할 수 있겠다. 다양한 콘텐츠를 통해 경험한 즐거움과 이를 통해 형성된 긍정적 감정은 소비자의 마음을 움직일 수 있는 강력한 힘이 된다.

동물을 위한 미용실·호텔·놀이터·동물병원·카페가 모두 한 곳에 모여 있다. 반려동물과 함께 차도 마시고 산책도 하고 쇼핑도 할 수 있어, 반려동물과 함께 사는 도시민들의 뜨거운 호응을 얻고 있다. '이온몰 마쿠하리신도심'은 사회문화 트렌드에 민감하게 반응하고, 이를 비즈니스화하고 있는 것이다. 또한, 아이들은 전통 과자를 직접 불에 구워 스스로 만들어 먹으면서 즐거워할 수 있고, 야구용품 판매점에는 실내에 야구연습장이 있다. 고객이 상품을 구매하는, 즉 쇼핑의 과정에서도 즐거움을 줄 수 있는 장치를 마련해 놓은 것이다. 이처럼 수동적으로 소비자들의 선택을 기다리는 방식에서 적극적으로 소비자 욕구를 자극하는 전략적인 접근이 필요하다.

즐거운 경험을 제공하기 위한 수단은 단순히 즐길거리에 대한 시설과 콘텐츠를 확충하는 것만을 의미하지 않는다. 새로운 형태의 복합쇼핑몰은 방문 자체만으로로 기존에 경험하지 못한 새로운 것을 경험한다는 즐거움을 선사할 수 있다. 대표적인 사례가 태국 방콕에 있는 '아시아티크Asiatique'이다. 아시아티크는 차오프라야 강변에 위치하고 있어, 대부분의 방문객들이 배를 통해 아시아티크에 도착하게 된다. 배를 타고 도착하는 몰의 경험, 강변을 따라 펼쳐져 있는 다양한 상품과 레스토랑에서의 경험은 그동안 소비자들이 경험하지 못한 새로운 몰을 만나게 해준다. 특히, 아시아티크는 야시장으로 더욱 인기를 모으고 있다. 대부분의 몰은 저녁 9시 이후가 되면 폐점을 준비하는 데 비해 아시아티크는 저녁 9시부터 피크시간이 시작된다. 아름다운 태국 차오프라야 강의 야경을 즐길 수 있는 멋진 경험을 체험하러 많은 사람들이 늦은 시간 아시아티크를 찾아 불야성을 이룬다.

태국 방콕 아시아티크(Asiatique)

태국 방콕 아시아티크(Asiatique)

아시아티크는 밤을 즐길 수 있는 장소로
더욱 인기를 모으고 있다. 대부분의 몰
은 저녁 9시 이후가 되면 폐점을 준비하
는데 비해 아시아티크는 저녁 9시부터가
피크시간이 시작된다. 아름다운 태국 차
오프라야강의 야경을 즐길 수 있는 멋진
경험을 체험하러 많은 사람들이 늦은 시
간 아시아티크를 찾아 불야성을 이룬다.

RUN
BKK
Living Statue

081-868-0058
085-554-4222

현실이 된 상상

우리는 종종 직장에서의 업무와 집안일의 책임감에서 잠시 벗어나 일상과의 차단을 원한다. 바쁘고 복잡한 현대를 사는 우리에게 이러한 현실을 벗어날 수 있는 공간은 일상의 작은 위로와 쉼을 제공하여, 일상에 지친 도시민들에게 삶의 여유와 활력을 준다. 그 결과, 현대인들은 일상을 잊을 수 있는 비일상적인 공간에 욕망을 가지고 있다. 일상을 벗어난다는 비일상성의 진정한 가치는 매일 반복되는 삶의 패턴에서 벗어남에 있다. 이는 현실과의 차단을 통해 체험하는 경험은 또 다른 쾌감을 느끼게 해주고, 이를 통해 지친 마음이 힐링되기도 한다. '휴식'이라는 것은 인간의 가장 기본적인 욕구 중 하나라고 해도 과언이 아니다. 사람들은 노동의 대가만큼 자신들의 시간을 요구하고, 또한 나에게 즐거움을 느끼게 해주는 공간과 그 공간에 대해서도 지속적으로 더 높은 질을 요구한다.

복합쇼핑몰의 방문객들은 몰이라는 일상과 차단된 공간에서는 매일 반복되는 똑같은 일상의 탈출을 원한다. 비일상적인 경험을 통해 기쁨을 느끼고 상상력을 자극 받음으로써 잠시나마 지친 일상에서 탈출해 환상적인 경험을 원하는 것이다. 즉, 몰은 현대인들에게 상상의 공간을 제공하는 것이다. 몰오브아메리카mall of ameraica, 포럼숍엣시저스 forum shop at Caesars와 같이 놀이공원화된 복합쇼핑몰, 각 분야의 세계 최고급만 모아 놓은 쿠알라룸푸르의 스타힐몰star hill, 도시의 회색 콘크리트 환경 속에서 자연을 생태를 제공해주는 오사카의 난바파크몰 등은 상상 속의 이상을 현실에서 경험할 수 있는 장소를 만들어준 것이다. 방문객들은 쇼핑·식사 등의 목적을 갖고 복합쇼핑몰을 방문하지만, 즐겁고, 화려한 몰의 환경을 즐기는 동시에 그 장소 속에 담겨 있는 자신이 원하는 문화적 가치를 받아들이게 되어 방문 자체가 이용자에게는 새로운 세계를 만나게 되는 것이다. 그 결과, 몰에서의 다양한 경험을 통해 소비자들은 본인이 머릿속으로 그렸던 또는 머릿속으로조차 그리지 못했던 상상을 직접 체험하고 이해하게 되는 것이다. 이러한 장소 만들기에 있어 성공의 관건은 테마 설정이며, 테마 설정이 독특하고 창의적일수록 차별화된 공간을 조성할 가능성이 높아진다. 최근에는 기존의 쇼핑몰과는 달리 일정한 테마와 스토리가 있는 복합쇼핑몰이 점차 증가하고 있다. 테마와 스토리가 있는 환경을 조성하고, 이와 어울리는 이미지를 만들고, 이미지와 테마에 적합한 다양한 상품·서비스와 콘텐츠가 적용된 공연과 만든다.

복합쇼핑몰이 자체 경쟁력을 강화하기 위해서는 현대인의 감성과 니즈에 알맞은 새로운 문화적 즐거움을 끊임없이 창조하고 제시하는 노력이 필요하다. 또한, 이러한 비현실성의 구현에는 최신 다양한 기술의 적용이 매우 중요하다. 기획한 콘텐츠들이 머릿속을 벗어나 실제 복합쇼핑몰이라는 공간에서 실체로 구현되기 위해서는 이를 뒷받침해 줄 수 있는 다양한 첨단 기술이 필요하다. 즉, 현대의 미디어, 전기·전자, 기계 등 다양한 기술을 활용한 무한한 가능성은 몰의 디자인과 콘텐츠에 적용되어 현대인의 상상 속의 그 장소를 감동적인 새로운 공간의 탄생으로 구성되어 몰을 방문하는 고객들에게 새로운 경험을 선사해 줄 것이다. 즉, 복합쇼핑몰은 상상력·창의력·소비·문화·과학기술 등이 서로 융합되어 이용객들이 감동하고 즐길 수 있는 공간을 의미한다. 이러한 의미에서, 복합쇼핑몰은 몰 전체를 통합하는 테마Theme

가 있어야 한다. 복합쇼핑몰은 하나의 중심적 테마 또는 연속성을 가지는 몇 개 테마들이 연합하여 구성되어야 하며, 이러한 일관된 테마는 복합쇼핑몰 개발에 있어 매우 중요한 요소라 할 수 있다. 테마가 명확해야 방문객이 복합쇼핑몰에 쉽게 몰입할 수 있는 것이다. 일반적으로 복합쇼핑몰은 하나의 중심이 되는 테마 혹은 연관성과 연속성을 가지는 몇 개 테마들이 연합으로 구성되는 경우가 많기 때문에, 그 시대의 소비자들에게 어필할 수 있는 테마 설정은 복합쇼핑몰에 있어 생명이라 할 수 있다. 또한, 테마에 기초하여 복합쇼핑몰 구성 요소들에 콘셉트가 전개되고, 이러한 콘셉트는 차별화된 개성을 보유해야만 하며, 복합쇼핑몰을 구성하는 각각의 요소에 설정한 테마와 콘셉트를 보다 즐겁고, 인상적이며, 감동적으로 체험 및 인지시켜야 한다. 즉, 복합쇼핑몰은 종합적이며 융합적 속성을 갖는다. 기획단계의 계획, 콘셉트 설정, 테넌트 유치, 건설단계의 디자인, 운영단계의 이벤트, 부동산 관리 등 다양한 업태와 업종을 포함한 종합서비스산업인 것이다. 복합쇼핑몰은 현대의 모든 첨단 기술과 기법, 다양한 업태·업종이 종합적으로 망라되어 있는 집결체이며, 복합쇼핑몰이 전달하고자 하는 무형의 이미지를 다양한 기술적 방법론을 통해 유형의 것으로 실현시키는 이미지공학(Imagineering)으로 볼 수 있다.

태국 방콕 복합쇼핑몰 터미널21

터미널21은 세계여행이라는 테마로 각 층을 세계의 유명 도시 콘셉트로 구성한 방콕을 대표하는 복합쇼핑몰이다. 층별로 LG층은 카리브 해변 마을, G층은 로마, M층은 파리, 1층은 도쿄, 2층은 런던, 3층은 이스탄불, 4층은 샌프란시스코, 5층은 샌프란시스코 부두와 항구, 6층은 미국 할리우드 등 세계 각국 유명 도시들을 콘셉트로 개발하였다. 에스컬레이터는 각 층을 올라갈 때마다 'Departure', 'Arrival'이라는 글씨로 비행기 대신 에스컬레이터를 타고 세계 곳곳을 여행하는 듯한 경험을 선사한다. 터미널21을 방문하는 고객들은 층을 오르내릴 때마다 세계 곳곳을 여행하는 기분을 느낄 수 있다.

몰링, 상상 이상의 즐거움

PIER21

태국 방콕 복합쇼핑몰 터미널21

미국 라스베이거스의 포럼숍앳시저스(forum shop at Caesars)

브리티시컬럼비아의 휘슬러에 있는 블랙콤Black-comb에서는 자유로운 가로 공연들이 전통적인 시장의 축제성과 지역주민의 자발적 참여와 결합하여 방문객들이 즐거워할 수 있는 이벤트를, 볼티모어 이너하버의 파워플랜트는 축조된 지 100년이 경과한 발전소를 철거하지 않고 리모델링하여 스포츠중계와 게임센터를 유치하여 성공적인 복합쇼핑몰로 개발하였다. 핀란드의 **Shopping Centre Sello**는 약 30,000평 규모로 볼링장, 14개 스크린의 멀티플렉스, 도서관, 뮤직홀, 뮤직 아카데미, 381석짜리 콘서트홀 등으로 구성되어 있으며, 몰 자체 오케스트라까지 운영하면서 고객들에게 새로운 경험을 제공하고자 노력하고 있다. 또한, 라스베이거스에 있는 베네시안 카지노 리조트와 마카오의 베네시안에서는 상업공간 실내에 설치된 곤돌라를 경험할 수 있으며, 베네치아 운하와 거리를 형상화한 가로를 따라 상점과 레스토랑, 엔터테인먼트 시설이 줄 지어 서 있는 가운데, 그곳을 방문한 고객들에게 이탈리아 베네치아에 방문한 것과 같은 즐거운 경험을 줄 수 있는 요소들을 제공하고 있다. 최근에는 집객효과가 매우 높은 스포츠 시설들도 복합쇼핑몰의 메인테넌트로 등장하고 있다. 일본의 캐널시티 하카타Canal City Hakata는 공업지대를 재개발 사업을 통해 복합쇼핑몰로 탈바꿈시켰다. 호텔 및 상업시설, 문화시설 등이 위치하고 있으며 하카타 지구와 텐진 지구를 연결한 일체화된 구성을 보여주고 있다. 캐널시티의 경우 기존의 복합시설에 엔터테인먼트 기능을 강화하여, '운하'라는 테마를 부여하고 고객을 유인하는 데 성공하였다. 기존의 복합아이템인 호텔·쇼핑·식음·업무에 엔터테인먼트 기능인 멀티플렉스·뮤지컬·극장·게임센터 등을 복합하고, 전장 180m 길이의 운하에 컴퓨터 제어분수, 다양한 수변 이벤트 공간 등을 기획하여 성공하였다. 캐널시티는 도심 속 도심이라는 콘셉트로 총 6개동의 건물로 이루어진 '미래형 도시공간'이라는 디자인 개념이 도입되어 시설들이 복합적으로 구성되어 있고, 브랜드별 1호점, 최대 매장 등을 입점시켜 캐널시티를 찾는 고객들을 만족시켜 주고 있다. 이외에도 도쿄의 비너스포트Venus Fort는 상업시설에 엔터테인먼트 개념을 강조하였다. 오다이바에 1999년 8월 개장하였고, 폭 11m, 길이 4km의 주산책로를 중심으로 17∼18세기의 미로 같은 유럽 거리풍경을 사실적으로 재현하였다. 2층 높이의 천장에는 시간의 흐름을 읽어낼 수 없도록 시시각각 모양이 변하는 하늘이 표현되어 있어 고객을 끌어들이는 매력으로 작용하고 있다.

현재 국내 복합쇼핑몰은 아직은 개발 자체에만 치중하고 있는 모습이다. 하지만 몰의 홍수 속에서 경쟁우위를 갖기 위해서는 그 몰 고유의 특성과 그 몰만의 차별화된 콘텐츠 제공으로 그 이름만을 들었을 때도 대표 이미지와 아이덴티티가 연상 가능해야 한다. 이를 위해서는 고객과의 관계를 형성하는 데 긍정적 소통의 역할을 할 수 있는 오감을 자극하여 즐거움을 줄 수 있는 다양한 요소와 시설들을 적극적으로 개발해야 하며, 해당 몰만의 '브랜드'를 형성해야 할 것이다. 즐길거리는 패션만큼이나 트렌드에 민감하다. 트렌드와 스타일은 시간의 흐름에 따라 변화한다. 복합쇼핑몰은 새로운 상품과 서비스를 기획하는 과정에서 소비자에게 외면당하지 않도록 그 시대의 사회·문화 등 다양한 우리 주변의 현상에 대한 트렌드에 민감하게 반응하여 콘셉트와 그에 따른 전략을 수립해야 한다.

Hello Kitty's
Kawaii Paradise

일본 도쿄의 '비너스포트(Venus Fort)'

장기불황이 계속되고 있는 일본에서 '비너스포트'라는 복합쇼핑몰은 목표고객을 젊은 여성층에 맞추어 기획하였다. 비너스포트는 여성을 주 고객층으로 설정하여 여성 전문 업태라는 콘셉트를 표방, 주요 입점을 뷰티·패션 부분의 상품과 서비스를 제공한다. 여성들이 쇼핑을 통해 오락성을 추구하고 있다는 콘셉트로 쇼핑 습관을 검토하고 화장실 등의 불만요소를 철저하게 점검, 유럽풍의 인공도시형 쇼핑공간을 만들어 히트시키는 데 성공했다. 즉, '비너스포트'에서 쇼핑하는 것 자체가 멋지고 즐거운 일이라는 인식이 일본 여성들사이에 형성되었다. 평일에는 중심고객인 여성 고객, 주말에는 그 외 계층으로 확실하게 구분하여 집객력을 최대화하였다. 또한, 오다이바의 해상공원 및 놀이시설과 연계하여 비너스포트를 방문한 고객에게 최대한의 즐거움을 제공하고 있다.

베네시안 마카오

베네시안 마카오는 샌즈그룹이 2007년 마카오에 오픈한 복합리조트단지로 이탈리아 베네치아를 테마로 개발되었다. 입구부터 이탈리아 베네치아의 낭만적 분위기가 넘쳐흐르며, 건물의 천장 벽화, 실내 운하와 곤돌라까지 재현해 마치 베네치아에 온 듯한 착각을 하게 한다. 미식축구장 56개가 들어설 수 있는 약 100만㎡의 면적에 지어진 베네시안은 규모부터 초대형이다. 단일 카지노로 세계 최대의 카지노가 입점해 있으며, 3,000개의 모든 객실이 스위트룸인 호텔, 명품을 비롯한 350여 브랜드가 입점해 쇼핑·야외수영장·골프장 등 모든 것이 한곳에서 이루어진다. 이곳을 방문하는 고객 및 관광객들의 체류기간은 평균 2일 이상일 정도로 아시아 최대의 위상을 보여준다.

일본의 캐널시티 하카타

캐널시티는 후쿠오카 중심에 있는 하카타 강변에 위치하고 있다. 도시 속의 또 하나의 도시를 만든다는 개발목표 아래, 도시의 극장(Urban Teather)이라는 콘셉트로 디자인되었다. 이는 캐널시티 전체를 극장으로 보고 이곳을 방문하는 방문객들을 극장의 연출자 겸 관람객으로 설정한다는 의미를 가지고 있다. '캐널시티'는 쇼핑·식음·영화·호텔·업무시설 등으로 구성되어 있다. '캐널시티'라는 이름이 유래한 길이 180m의 인공운하가 약 3만 5,000㎡의 넓은 부지 중앙부를 남북으로 흐르고, 각 공간과 시설은 빛, 바람, 비 등 자연환경을 적극적으로 수용해 자연친화적으로 꾸몄으며, 수변공간에는 벤치 등 휴식공간이 조성되었다. 특히, 캐널시티의 건축물들의 외관을 덩굴식물 등을 사용한 수직정원으로 조성해 도시 내에 숲과 물이 공존하는 또 다른 자연을 도시민들에게 제공하고 있다.

욕망의
자극

소비란 욕망을 충족하기 위하여 재화를 소모하는 일이다. 인간의 다양한 욕망을 충족시키기 위하여 태초부터 인간의 삶과 소비는 떼려야 뗄 수 없었다. 원시시대의 소비는 생존을 위한 필수적인 행동이었다. 그러나 농경문화의 발달과 정착생활을 통해 중세시대 이후부터 역사적·사회적으로 계급 간, 성별 간, 문화권 간 소비의 차이가 발생하였다. 인간의 생활수준이 높아짐에 따라 생물학적 기본 욕구를 넘어선 소유욕·물질욕 등이 확산되었고, 소비는 인간 내면의 욕망을 표출하는 수단이 되었다. 특히, 소비자들의 욕구수준의 다양화는 소비자들의 구매행동을 급속도로 변화하게 하는 요인이 되고 있고, 이러한 행동상의 변화는 소비자들로 하여금 상품의 구매장소와 구매방법 등의 다양화를 가져오게 하였다. 따라서 소비자들은 각각 개인이 본인만의 기준을 갖는 과거와는 현저히 다른 소비패턴을 보이고 있다.

특히, 현대인들은 인류역사상 유례없는 풍요의 시대를 맞이했다. 거

몰링, 상상 이상의 즐거움

대 자본과 과학 기술의 발달은 급격한 생산력의 증대를 가져왔고 생산이 소비를 추월하는 과잉 생산의 시대를 맞이하게 되었다. 프랑스의 사회학자이자 철학자인 장 보드리야르Jean Baudrillard, 1929~2007는 그의 저서 『소비의 사회』에서 언급한 "자동차를 만드는 일보다 파는 일이 더 어렵게" 된 시대를 맞이하게 된 것이다. 이러한 환경 변화는 2000년대 들어 복합쇼핑의 개발이 가속화되면서 몰은 사회적·경제적 변화와 이에 따른 소비자들의 행동패턴 변화에 따른 대응방안을 모색하고 있다. 현재 복합쇼핑몰들은 브랜드 매장 위주의 운영방식 탈피, 새로운 콘텐츠 도입을 통한 소비환경 창조라는 영업전략을 적용하기 위해 노력하고 있다.

소비장소가 단순한 상품판매 공간이라는 차원에서 벗어나 고객들을 위한 새로운 생활형태와 문화공간을 제공하는 역할을 담당해야 하며, 또한 점차 세분화되고 있는 고객들의 필요와 욕구를 고려한 고객지향적인 전략을 추구하여 시대에 따라 변화하는 소비자들의 욕망을 채워줄 수 있어야만 한다. 현재, 시장경제는 생산자에서 소비자로 그 중심축이 크게 바뀌었다.

무역시장 개방과 장기적으로 지속되고 있는 불황에 따라 생산자는 무한경쟁 상황을 가속화시킴으로써 소비자의 감각적 소비가 '단순감각'에서 '공감각'으로 '일방향성'에서 '쌍방향성'으로 변화하고 있다. 특히, 목적 지향 소비가 관계 지향의 소비로 전환되고, 이러한 변화를 통해 소비자의 가치가 개인의 소비 욕구에 맞고 자기 만족도가 높아야 소비를 하는 성향을 가져왔다. 매슬로Abraham H. Maslow의 욕구 5단계설에 의하면 사람들의 욕구 충족과 단계별 욕구의 충족에 의해서 기준

가치는 변하고 점차 다음 단계로 나아간다고 했다. 즉, 소비라는 행동이 객관적이고 이성적 가치소비의 우선시되던 상황에서, 주관적이고 심리적인 가치, 즉 감성적 소비성향으로 변화하고 있다. 몰은 소비자의 감성 코드를 읽고 재조합하여 편집해낼 수 있어야 한다.

최근 소비에 있어 감성코드의 키워드는 '프리미엄' 시장에 대한 욕망을 보여주고 있다. 고소득층이 소비를 주도하면서 소비의 고급화 추세가 뚜렷해지고 있다. 특히 고급 소비가 부와 사회적 신분을 상징하면서 수요층이 다양한 계층으로 확대되고 있다. 이에 따라 프리미엄 시장이 급성장하고 있고, 고급 브랜드와 희소성 있는 상품에 대한 선호도 역시 증가하고 있다. 신용카드 사용과 온라인쇼핑, 홈쇼핑 등 다기간 할부가 가능한 유통매체의 활성화, 영화·드라마·뮤직비디오 등 미디어를 통해 고소득층을 준거집단으로 인식하여 고급 라이프스타일에 대한 대중적 욕망은 점차 증가하고 있다. 특히 신용카드 사용의 보편화로 소득에 상관없이 프리미엄 소비에 대해 모방하고 싶은 욕구와 프리미엄 상품을 소유하고 싶은 소비심리가 더욱 확산되고 있다. 따라서 일부 고소득층을 위한 제품이었던 프리미엄 시장이 대중적으로 확대되고 있는 것이다. 다양한 계층이 프리미엄 소비 시장에 참여한 만큼 사회적 거부감도 약화되었다. 특히, 프리미엄 상품에 대한 수요가 젊은 층 등 다양한 세대로 확대되고 있으며, 신용카드 결제, 인터넷 쇼핑 등을 통한 다기간 할부를 통해 프리미엄 소비에 대한 욕망을 채워나가고 있다.

복합쇼핑몰에 있어 소비환경 디자인은 단지 구매 촉진을 위해 시각적으로 전시하고 연출하는 것을 목적으로 하는 것이 아니라, 고객들의 감성에 호소하여 고객의 감추어진 욕망이 자극되어 긍정적 감정을 느끼도록 해야 한다.

구매라는 행위에서 맛보는 즐거움 못지않게 소비가 이루어지는 공간 자체를 둘러보는 것만으로도 행복을
느끼도록 소비환경을 디자인해야 한다.

최근의 소비에 있어 욕망의 키워드는 '프리미엄'이다. 소비의 고급화 추세가 뚜렷해지고, 프리미엄 소비가 부와 사회적 신분을 의미하게 되면서 다양한 계층으로 확대되고 있다. 이는 사람들이 소비행위를 통해 타인과 구별지으려는 욕망과 이를 모방하려는 욕구의 발현으로 볼 수 있다.

현대인들은 구매와 소비에 있어 돈으로 환산할 수 없는 중요한 가치를 원한다. 소비하는 대상으로부터 소비자는 자신이 특별하다는 느낌을 받고 싶어 하기 때문이다. 즉, 눈에 보이는 물질적인 기능보다도 추상적인 가치가 중요시되고 있다. 소비자들이 지갑을 여는 데 있어 '소유욕구'에서 '감동욕구'로 변화하고 있다. 즉, 상품과 서비스는 '소유하다'에서 '감동을 준다'의 의미로 변모되었다. 프리미엄 소비를 통해 만족감을 얻고 '남들이 하는 것을 나도 할 수 있다'는 주관적인 즐거움을 느끼고 있는 것이다.

일반적으로 소비자들이 행하게 되는 소비는 크게 두 가지로 나뉜다. 첫 번째는 인간의 원초적인 욕구를 채우고 생명을 유지하기 위한 필수적 소비이다. 인간의 가장 원초적인 욕구인 식욕·수면욕·성욕을 채우기 위한 소비로, 생명을 유지함과 동시에 사회생활을 영위하는 데 기초가 되는 것이다. 두 번째는 원초적인 욕구를 충족한 후 소비하는 부가적 소비이다. 부가적 소비는 현대 사회의 경제와 문화를 유지하는 원동력이다. 부가적 소비는 인간이 도구를 사용하고 개인의 소유물을 가지게 되면서 보다 확대되었고, 타인과 자신을 구분 짓는 수단이 되어 왔다. 본능의 궁극적 목적인 육체적 욕구가 해소되면, 기본 욕구 이외에 사회가 변화해가면서 이전에 없던 새로운 욕구와 욕망들이 소비자 욕망의 기저를 채우고 있다. 즉, 사람들의 소비활동의 경향 중 가치소비가 중요한 소비의 키워드로 등장하고 있다. 최근 개발되는 몰들은 전략적 차원에서 이러한 환경변화에 적절한 해결책을 제시하고, 새로운 가치를 제공하여 소비자들의 숨어 있는 욕망을 자극하고 있다.

사람들은 감동을 주지 못하는 것에는 더 이상 눈길을 주지 않으며, 비록 대량 생산된 상품일지라도 사람들의 감성 가치를 충족시키고, 본인이 충족하고자 하는 욕구가 채워질 수 있는 대상을 선호하며, 소비를 통해서 그러한 가치들을 획득하고 즐기려 한다. 이러한 소비자들의 니즈는 몰을 개발하는 기업에 기존과 다른 차별화된 가치를 가진 소비환경의 개발과 소비자들의 공감대를 얻기 위한 콘텐츠 및 이미지 전략을 활용하여 지속적으로 소비자 욕구에 부합되는 가치 창출을 요구하고 있다. 소비자들이 어떤 것에 가치를 두고 제품과 서비스를 선택하고, 호감을 가지게 되는지를 파악하여 몰 구성에 반영해야 한다.

　정보산업의 발달이 유통환경을 변화시키게 되면서 소비자들은 다양한 상품의 질과 높은 서비스를 요구하게 되었다. 이러한 소비자 요구에 대응하기 위해 몰은 소비자 라이프스타일을 고려한 기능적·감성적 공간이 되어야 한다. 소비자들은 상품 그 자체보다는 브랜드 체험과 문화의 향유를 중요시하게 되었다. 소비자들 또한 즐거운 쇼핑뿐만 아니라 다양한 문화 콘텐츠와 소비환경에서 느끼는 긍정적 감정 경험을 통해 내재되어 있는 욕망을 충족시키고자 한다. 그 결과, 최근 복합쇼핑몰에서는 소비환경이 매우 중요시되고 있다. 단지 구매촉진을 위해 시각적으로 전시하고 연출하는 것을 소비환경 연출의 목적으로 하는 것이 아니라, 고객들의 감성에 호소하여 고객의 감추어진 욕망을 자극해야 한다. 즉, 아름다운 공간 연출에서 전략적인 커뮤니케이션 연출로 그 목적이 변화하였다.

　소비공간은 그 공간 자체가 소비가 이루어지는 장소이자 마케팅 전략의 일부로서 활용되고 있다. 최근 이러한 경향을 반영하듯, 건물이나 인테리어에서 대부분 경제적 효율성과 수익성에 초점을 맞춰 짧은 동선과 최대의 용적률과 건폐율을 추구하였으나, 최근 개발되는 몰들은 공간의 효율성과 수익률이 떨어지는 것을 감수하면서도 쾌적하고 아름다운 환경과 즐거운 체험을 할 수 있는 공간을 만드는 데 아낌없이 투자하고 있다. 또한, 눈높이가 높아진 고객들은 몰에서 최고급상품을 윈도쇼핑하면서 대리적 욕구 충족을 느끼는 패턴이 생기게 되었고, 소비공간에 대한 기대치 또한 매우 높아졌다. 이러한 이유로, 복합쇼핑몰들은 공간의 건축·인테리어·디스플레이 등의 요소에 더욱 신경을 쓰며 공간적인 측면에서 주는 이미지를 더욱 부각시키고 있다. 이러한 밑바

눈높이가 높아진 고객들은 몰링을 통해 최고급 상품을 윈도쇼핑하면서 대리적 욕구 충족을 느끼는 패턴이 생기게 되었고, 소비공간에 대한 기대치 또한 매우 높아졌다. 이러한 이유로 복합쇼핑몰들은 공간의 건축·인테리어·디스플레이 등의 요소에 더욱 신경을 쓰며 공간적인 측면에서 주는 이미지를 더욱 부각시키고 있다.

소비자들은 이성적인 부분과 감성적인 부분, 합리적인 것과 충동적인 성향을 동시에 내포하고 있으며, 몰 경험을 통하여 단순한 소비가 아닌 욕망과 기호 충족의 즐거움과 문화적 자극, 새로운 감성을 얻고자 한다. 이러한 이유로 복합쇼핑몰의 공간연출은 마케팅 커뮤니케이션 차원에서 중요한 전략이다.

몰 환경 디자인은 단지 구매촉진을 위해 시각적으로 상품을 전시하고 연출하는 것을 목적으로 하는 것이 아니라, 고객들의 감성에 호소하여 고객의 감추어진 욕망을 자극해야한다. 즉, 아름다운 쇼핑 공간 연출에서, 몰이 전하고자 하는 전략적인 커뮤니케이션 연출로 그 목적을 설정하고 목적에 적합한 콘셉트를 설정하여 몰 환경 연출을 해야 한다.

탕에는 소비자들은 구매라는 행위에서 맛보는 즐거움 못지않게 소비가 이루어지는 공간 자체를 둘러보는 즐거움을 통해 채워지는 긍정적 감정을 매우 중요하게 생각하기 때문이다. 즉, 복합쇼핑몰이 추구해야 할 가치는 단순히 소비가 활성화되기 위해 다양한 콘텐츠를 제공하는 차원을 넘어 방문하는 고객들이 행복을 느껴야 한다. 행복이란 사람이 갖고 있는 욕구와 욕망이 충족되어 만족하거나 즐거움을 느끼는 상태이다. 즉, 복합쇼핑몰들은 기존의 일차적인 이윤창출의 목적인 판매만을 지향하기보다 소비자의 욕망을 충족시켜 감동을 불러일으키는 요소들에 과감히 투자함으로써, '그곳에 가면 행복해진다'는 느낌을 주는 공간으로 구성해 소비자와 커뮤니케이션해야 할 것이다.

맛있는 행복

　'먹는다'는 행위는 전통적으로 사람의 생존수단으로 인식되어 왔으나, 사회가 발달하고 대량생산의 결과로 사람들에게 먹거리가 풍요롭게 공급되자, '먹는다'라는 행위는 점차 즐기는 수단으로 변화하고 있다. 이는 사람들이 '먹는다'는 행위에 있어 더 이상 단순히 먹는 행위만으로는 즐거움을 느끼지 못한다는 것을 의미한다. 현대인들은 일반적으로 무의미한 삶보다는 재미있는 삶을 지향하고, 일하는 시간보다는 여가시간을 중시하는 삶을 살고 있다. 급변하는 사회문화 환경에서 사람들의 라이프스타일이 다양화되고, 정보화, 1인 가족 및 맞벌이 부부의 증가, 국민소득의 증가, 교육 향상에 의한 고급화, 여성의 사회진출 확대 등의 과거와 다른 사회변화는, 식생활 문화를 기존의 먹는 문화에서 즐기는 문화로 변모시켰다. 이러한 맥락에서 복합쇼핑몰의 외식공간은 몰의 대형화와 몰링족 증가 추세에 중요한 역할을 담당하고 있으며, 수익에 있어 주요 역할을 기대할 수 있는 테넌트로 자리 잡고 있다.

식음공간은 복합쇼핑몰의 대표적인 상업공간 중 하나이며, 최근에는 식음을 메인 테넌트로 콘셉트를 잡고 개발하기도 한다. 이러한 식음은 다양한 테넌트 중 없어서는 안 될 중요한 요소임에도 불구하고, 몰링 중 배고픔을 달래기 위한 단순 식음공간으로만 치부되어 소홀하게 여겨졌다. 이에 복합쇼핑몰에 있어서 외식업은 한동안 그 중요성이 제대로 인식되지 못했다. 그러나 지금은 복합쇼핑몰 구성에 있어 필수적인 테넌트일 뿐만 아니라 복합쇼핑몰 리뉴얼 및 시설의 재투자에 일순위로 고려되고 있으며, 복합쇼핑몰 수익의 원천으로 그 중요성이 부각되기 시작하였다. 하지만 복합쇼핑몰이라는 특수한 환경을 고려하지 않은 무분별한 식음공간의 도입으로 복합쇼핑몰 내 외식업은 과다경쟁과 서비스 저하로 복합쇼핑몰 전체 이미지에 부정적 영향을 미치기도 한다.

기존 쇼핑몰의 외식공간은 대중적인 업종을 중심으로 주로 쇼핑을 위해 방문한 고객을 대상으로 하는 식당가였다면, 최근 오픈한 복합쇼핑몰의 외식공간은 고급화·차별화를 통한 전문외식공간으로 자리매김하고 있다. 더 이상, 몰의 식음공간은 쇼핑을 하다 배고픔을 달래기 위해 마련된 고객 서비스 시설이 아니라, 유명 프랜차이즈 외식업체, 식품관 업그레이드, 블로거들 사이에서 유명한 맛집, 글로벌 스타셰프 브랜드 유치로 소비자들이 특정 외식업체에서의 식음을 위해 몰을 찾는 경우가 큰 폭으로 증가하고 있다. 이를 통해, 외식업체는 몰의 다른 테넌트 상품 매출 증가에도 큰 역할을 하고 있다. 최근에는 외식업체를 이용하기 위해 몰을 방문한 고객이, 다른 서비스 및 상품까지 구매하는 연관구매율은 70%가 넘고, 외식공간을 리모델링한 후 매출 비중이 리뉴얼 전에 비해 30% 이상 늘어난 사례가 신문에 보도되는 등 맛있는 유혹을 통한 집객효과는 몰 전체 매출을 견인할 정도이다. 최근 백화점들은 명품관 리뉴얼 보다 식품관 리뉴얼에 많은 관심과 공을 들이고 있는 것도 이러한 현상의 방증이다.

최근 소비는 비싸더라도 본인의 오감을 충족시켜줄 수 있는 프리미엄 소비를 지향하고 있다. 특히, 다른 상품 및 서비스에 비해 상대적으로 저렴한 가격으로 프리미엄의 만족을 누릴 수 있는 외식업의 특성상 최근 복합쇼핑몰들의 푸드코트 및 외식업체들은 점점 고급화의 추세를 보이고 있다. 소비자들의 이러한 현상을 반영하듯 일상 속에서 프리미엄 맛을 통해 즐기는 작은 사치를 통해 내가 행복하고 즐거운 감정을 즐기고 있다. 이렇게 맛의 고급화에는 브랜드 이미지가 상당 부분 기여했다고 볼 수 있는데, 그동안 푸드코트 운영 업체들은 해당 몰의 이미지나 콘셉트를 고려하지 않고, 입점을 허가했다면 지금은 몰의 이미지를 고려해 인지도 있는 외식업체 브랜드나 소수의 고객만이 인지하고 있는 브랜드라도 최상위의 포지셔닝을 하고 있는 외식업체를 선호하고 있다. 이러한 인지도와 프리미엄이 있는 외식업체는 그 브랜드만으로도 자체의 높은 집객률을 가지고 있기 때문이다. 즉, 복합쇼핑몰에 있어 식음공간은 복합쇼핑몰 공간 구성의 주역으로 자리를 잡아가고 있는 추세이며, 복합쇼핑몰의 이미지를 상승시키고 개성 추구, 다양화, 즐거움의 요소를 만족시킬 수 있는 공간으로의 창출을 꾀할 수 있는 잠재적 장소이다. 복합쇼핑몰 내 식음공간은 외식의 기능과 더불어 고객들을 위한 독자적인 기능을 수행하는 장소로서 서비스 품질의 개발 및 다양한 콘셉트 개발이 필요하다.

식생활 문화가 기존의 먹는 문화에서 즐기는 문화로 변화되면서, 복합쇼핑몰의 외식공간은 몰의 대형화와, 몰링족 증가 추세에 중요한 역할을 담당하고 있으며, 맛있는 먹거리를 찾아 몰을 방문하는 고객들이 다른 입점 업체의 서비스 이용과 상품 매출 증가에도 큰 역할을 하고 있다.

기존의 쇼핑몰의 외식공간은 대중적인 업종을 중심으로 주로 쇼핑을 위해 방문한 고객을 대상으로 하는 단순 식당가였다면, 최근 복합쇼핑몰의 외식공간은 고급화·차별화를 통한 독립적인 전문 외식공간으로 자리매김하고 있다.

　최근, 대부분의 유통업체들은 온라인과 오프라인을 병행함으로 시너지 효과를 거두고 있다. 한편, 온라인의 고객을 오프라인으로 끌어들이기 위해서는 온라인 고객을 유인할 수 있을 만큼 즐거움의 제공이 있어야 한다. 그러나 온·오프라인에서 동시에 판매되고 있는 상품을 통해 차별화된 즐거움을 제공하여 현대의 바쁜 고객들을 쇼핑공간으로 유인하기에는 매우 어려움이 많다. 그러나 '먹는다'는 행위 자체는 절대로 온라인에서 이루어질 수 없는 특성으로 인해 온라인에서 제공할 수 없는 행복한 가치의 제공이 가능하며, 미각을 충족시키는 즐거움은 남녀노소를 불구하고 모두 선호하는 긍정적 감정이다. 이러한 긍정적 감정을 극대화하기 위해서는 미각뿐만 아니라 오감을 만족시킬 수 있어야 한다.

　사람은 특정 감각이 아닌 오감을 통해 경험하는 모든 것들을 인지하며, 오감 중 시각적인 요소는 미각과 가장 친밀하게 연동되어 직접적인 이미지 전달이 빠른 반응 요소이다. 음식에서 느끼는 맛은 미각·후각·시각·청각·촉각에서 느낀 여러 가지 감정과 개인의 경험이나 기호가 복합적으로 경험되어 총체적으로 인식된다. 특히 맛을 결정하는 영향 중 시각을 통해 인지하는 감정은 실제 맛을 지각하기 전에 맛에 대한 이미지를 연상시킴으로써 음식의 맛과 외식업체에 대한 만족도에 결정적 영향을 준다. 치열한 외식업 시장에서 경쟁 우위를 얻기 위해서는 미각뿐만 아니라 오감을 통해 감성을 자극해야만 한다. 고객들은 외식을 선택함에 있어, 음식의 맛에 대한 평가뿐만 아니라 외식업체의 이미지까지 구매하고 있기 때문이다. 외식에 있어 공간의 이미지와 스타일은 음식과의 조화를 이루어 고객의 식사 경험에 만족을 더 해주는 역할을 한다.

　우리가 살고 있는 지금 이 시대는 음식을 먹지 않고서도 눈으로, 색으로, 분위기로 즐기는 이미지 시대이며, 소비자들의 트렌드는 급속하게 변화하고, 기호와 선호도에 따른 상품의 개발과 시장의 변화 역시 급속하게 변모하고 있다. 맛에 있어 미각뿐만 아니라 시각·후각·청각·촉각의 오감은 소비자 구매 욕구를 증가시키는 요인이 되고 있으며, 외식 선택에 있어 결정의 원천으로 소비행동에 중요한 요소이다. 복합쇼핑의 외식 공간 역시 이러한 오감요소를 다양한 방식으로 결합하거나, 가장 차별화할 수 있는 요소를 부각시켜 새로운 식문화 창출이 필요하다. 최근, 소비자들은 특정 외식업체의 레스토랑의 인테리어나 분위기, 콘텐츠가 특별하다고 소문이 난 업소는 먼 길을 마다하지 않고 방문하면서 먹거리를 찾아다니는 노마드적nomadic 미각 소비행태는 이를 증명해 준다.

이터테인먼트(eatertainment)

스마트폰·태블릿PC 등 디지털 문화가 보편화된 현대 사회에서는 엔터테인먼트를 제외하고는 문화나 트렌드를 설명하기 어려워졌다. 이와 같은 맥락에서 인간의 가장 기본적 욕구인 먹는 것과 엔터테인먼트도 매우 밀접한 관계를 지고 있다. 식음공간을 단순히 먹는 것 이외에 즐거움을 주는 공간으로 소비자의 인식을 변화시키려고 노력하고 있는 것도 바로 이러한 이유에서이다. 앞서 이야기했듯이 최근의 외식 관련 소비의 핵심은 먹는다는 행위 자체보다 먹는 과정에서의 색다른 체험을 추구하는 경향의 강화이다. '음식+즐거움'이라는 콘셉트가 하

현대인들은 비싸더라도 본인의 오감을 충족시켜줄 수 있는 외식업체를 선호하고 있으며, 이러한 현상을 반영하듯 최근 복합쇼핑몰들의 푸드코트 및 외식업체들은 점점 고급화의 추세를 보이고 있다. 이러한 의미에서, 맛에 있어 미각뿐만 아니라 시각·후각·청각·촉각의 요소들은 소비자구매 욕구를 증가시키는 요인이 되고 있으며, 외식을 구매할 수 있는 동기부여의 원천으로 고객들의 소비행동에 중요한 요소이다. 복합쇼핑의 외식공간 역시 이러한 오감요소를 다양한 방식으로 결합하거나, 가장 차별화할 수 있는 요소를 부각시켜 새로운 식문화 창출이 필요하다.

복합쇼핑몰의 외식공간은 단지 '먹는다'라는 행위만을 위한 장소가 아니라, 분위기를 즐기는 공간이며 커뮤니케이션의 공간이다. 따라서 '맛' 이외에도 소비자들로 하여금 그 공간을 기억하게 하고 재방문하게 할 수 있는 '전략'이 필요한 공간이다.

갤러리아 고메 494(Gourmet 494)

압구정 갤러리아에 위치한 '고메 494(Gourmet 494)'는 국내에서 볼 수 없었던 새로운 포맷인 '그로서란트[Grocerant = Grocery(마켓) +Restaurant(식음시설)]'라는 콘셉트를 도입하였다. 기존의 프렌차이즈 외식업체보다는 지역에서 유명세를 떨치고 있는 맛집, 국내 최고의 식음시설(Restaurant)을 마켓(Grocery)과 유기적으로 연결하여 한 곳에서 먹고 즐기고 소통하는 새로운 식문화 공간을 구성하였다.

나의 상품으로 주목받고 있으며, 음식과 엔터테인먼트의 결합은 이터테인먼트eatertainment라는 신조어를 낳았다.

이터테인먼트는 음식과 서비스를 넘어서 독특한 체험적 가치의 제공으로 외식공간에 즐거운 경험을 선사할 수 있다. 개성을 중시하는 현대인들은 다양한 식음료의 선택과 오감을 만족시켜줄 수 있는 공감적인 공간을 추구한다. 과거에는 주로 시각에 의존했던 방식에서 탈피하여 오감을 만족시켜 주는 레스토랑이 주목받고 있는 이유도 여기에 있다. 시대가 변화됨에 따라 이터테인먼트의 개념은 점점 더 다양화하고, 독창적이어지고 있으며 음식과 함께 얼마나 기발한 아이디어, 즐거운 기분과 오감을 만족시켜줄 수 있는지가 중요해졌다. 사람들의 오감을 각각 음식, 서비스, 공간, 그 외의 다양한 요소들과 연결시켜 최고의 즐거운 체험을 가져올 수 있는 종합적인 공간으로 구성하고자 하는 것이 이터테인먼트의 목적이다.

그러나 간과해서는 안 되는 것이 이터테인먼트의 개념에 있어 미각을 다른 요소보다 덜 중요시해서는 안 된다는 것이다. 이터테인먼트에 있어 가장 기본은 그 업체만의 특별한 메뉴, 맛에 더 많은 노력을 기울이는 것이다. 즉, 이터테인먼트의 본질은 음식의 질과 맛을 최고로 느끼게 하는 전략으로 오감을 자극하는 다양한 연출기법을 구사하는 것이다. 특히, 최근에는 쌍방향 커뮤니케이션이 가능한 콘텐츠를 적극 개발하여 먹는 행위와 동시에 재미를 전달할 수 있는 방법이 다각적으로 도입되고 있다. 이러한 다방면의 기술적 결합을 통해 복합쇼핑몰의 식음공간은 단순한 음식 판매기능을 넘어 그 시대 트렌드에 맞는 문화적 가치와 감성적 가치를 소비하는 공간으로 인식해야 할 것이다.

레인포레스트카페(Rainforest cafe)

레인포레스트카페는 미국 등 세계 여러 도시의 복합쇼핑몰 및 리조트에 가면 한 번 정도는 만나볼 수 있는 테마파크를 방불케 하는 정글콘셉트의 글로벌 외식업체이다. 레인포레스트카페는 정글을 테마로 화산 폭발, 수족관, 열대 콘셉트로 살아 있는 새들과 가짜 뱀, 무성한 나무들로 마치 열대림 속에 와 있는 듯한 분위기 속에서 식사할 수 있는 느낌을 받게 된다. 레스토랑 옆에는 기념품점과 입구에 있는 악어가 가끔씩 입을 벌려 사람을 놀라게 하고 조련사가 구관조와 함께 관광객들에게 말을 하게 하는 이벤트를 진행하기도 한다. 열대 정글을 콘셉트로 만든 레스토랑답게 이곳에서 모금된 기금은 열대우림 보호를 위한 쓰인다고 한다.

레인포레스트카페(Rainforest cafe)

하드락 카페(Hard Rock Cafe)

하드락 카페는 전 세계적으로 체인망을 가지고 있는 외식업체로 젊음과 열정 그리고 시대를 표현하는 자유롭고 낭만적인 콘셉트로 꾸며진 레스토랑이다. 미국 유명 대도시나 휴양지에 가면 반드시 볼 수 있는 이 하드락카페는 휴식과 음악, 개성 그리고 즐거움의 장소로 전 세계인들에게 인기 있는 레스토랑이다. 맛 좋고 다양한 음식, 빠르고 친절한 서비스, 젊음의 자유를 느끼게 하는 인테리어 및 익스테리어 디자인은 하드락 카페를 이끌어온 가장 중요한 특징이다. 하드락 카페의 성공은 음식과 서비스라는 외식업의 기본적인 경쟁 수단을 포함하여 보다 넓은 관점에서 고객 체험적 가치를 어떻게 차별적으로 충족시켜줄 것인가에 대한 고민이 필요하다는 것을 입증하고 있다.

플래닛 할리우드(Planet Hollywood)

플래닛 할리우드는 할리우드 영화를 테마로 한 레스토랑으로 실제 할리우드의 영화배우인 실베스터 스탤론, 브루스 윌리스 등이 설립하였으며, 국내에서도 논현동에 오픈하여 운영했던 유명 외식업체이다. 실제 할리우드 영화에서 쓰인 소품과 의상 및 관련 자료로 내부를 연출하였고, 할리우드 유명 배우들 캐릭터 및 여러 상품을 사고 보면서 식사도 할 수 있는 색다른 분위기로 소비자들의 관심을 받은 레스토랑이다.

올리브 마켓(Olive Market)

여의도 IFC몰 안에 입점한 올리브 마켓은 CJ와 올리브티비가 콜라보레이션 개념으로 오픈한 '푸드컬처플레이스'이다. '먹는 것과 관련된 즐거움을 체험한다'는 콘셉트로 올리브티비에서 제안하는 요리 관련 콘텐츠를 실제로 체험해볼 수 있고, 올리브티비의 유명 프로그램에 소개되었던 다양한 식재료와 제품들도 구매가 가능한다. 또한, 식재료 구매와 동시에 그 재료로 매장에서 직접 만들어내는 다양한 음식을 맛볼 수도 있다. 단순한 식재료 판매를 넘어 요리 과정을 보고 즐기며 문화를 향유하는 색다른 식문화 공간이다.

올리브 마켓(Olive Market)

프리미엄 슈퍼마켓

사회구조의 변화와 경제 발전 등 다양한 요인에 의해 먹는 것과 관련된 소비는 점점 고급화·다양화·간소화되고 있으며, 먹거리에 대한 소비패턴은 빠르게 변하고 있다. 최근 소비자의 특징을 살펴보면 상향구매와 하향구매가 동시에 일어나는 것을 볼 수 있다. 즉, 소비자들은 생필품이나 본인의 가치관 기준에서 무가치하다고 여기는 품목의 구매에는 최저가격을 지향하는 하향 구매와 동시에 본인이 가치가 있다고 여기는 품목에 대해서는 자신만의 가치를 표현할 수 있는 최고 수준의 브랜드에 프리미엄 가격을 지불하는 일관성 없는 소비가 동시에 일어나고 있다. 즉, 차별화된 카테고리별 전문점들이 특정 타깃 고객을 대상으로 독창적이고 매력적인 가치를 제공한다면, 고수익의 틈새시장을 창출할 수 있다. 이러한 시각은 슈퍼마켓에도 그대로 적용되어 메인 타깃 고객을 대상으로 최고 수준의 브랜드 상품과 엄선된 식재료만을 판매하는 프리미엄 슈퍼마켓이 복합쇼핑몰의 새로운 테넌트로 떠오르고 있다.

프리미엄 슈퍼마켓은 대중적인 상품들을 가격경쟁으로 판매하는 일반 슈퍼마켓이나 대형마트가 아닌 고품격 슈퍼마켓으로 농·축·수산물 등의 신선식품과 가공식품을 모두 판매하되 일등급의 높은 가치를 지닌 식자재, 예를 들면 생산자와 유통경로가 확인된 유기농 식품은 물론 세계적 고급식품 또는 쉽게 구할 수 없는 색다른 식품이나 희귀식품 등을 판매하고 있다. 이러한 프리미엄 슈퍼마켓의 원조는 홍콩 시티슈퍼City Super이다. 시티슈퍼 대표 토마스 우Thomas Woo는 2012년 매일경제 MBA팀과 인터뷰에서 "홍콩은 성장했고 사람들은 돈을 벌었다. 경제적 여유가 생기니 좋은 집, 좋은 차, 그리고 명품들을 사들이기 시작한다. 그래서 생각한 것이 '이제 사람들은 그냥 먹는 것보다는 몸에 좋고 희귀하고 색다른 무엇인가를 원할 것이다'라는 것이다. 또한 유통업에 있어 가장 큰 전략은 최고의 물건을 고객에게 자세히 잘 설명하고 이해시키는 것을 시작으로 그들이 원할 것 같은 라이프스타일을 디자인해 주는 것이다"라고 이야기하며, "수지타산에 맞춰 물건을 사고팔기보다는 새로운 경험들을 한자리에 모으고 창조적인 패러다임을 만들어내는 것이 중요하다"라고 주장했다. 그리고 프리미엄 슈퍼마켓인 '시티슈퍼'를 창업했다. 기존과 다른 차별화된 콘셉트의 시티슈퍼는 이제까지 볼 수 없었던 서비스와 홍콩에 없는 제품으로 고객들의 이목을 끌었다. 최고급 유기농 먹거리를 비롯해 라이프스타일 편집숍, 선물코너 등 다양한 제품을 고객에게 제시하는 시티슈퍼는 '슈퍼마켓'보다는 토탈식 문화공간이라는 말이 더욱 어울린다.

프리미엄 슈퍼마켓은 차별화된 상품 구성과 더불어 관련된 차별화된 서비스를 디자인하는 것도 매우 중요하다. 국내 한 복합쇼핑몰의 프리미엄 슈퍼마켓에서는 컷앤베이크CUT&BAKE 서비스를 도입하여 여성 소비자들의 마음을 사로잡았다. 컷앤베이크 서비스는 매장에서 구입한 모든 야채를 무료로 손질해주는 서비스로, 손질뿐만 아니라, 고구마나 옥수수 등을 구워주기도 해 여성 고객들의 큰 반응을 일으켰다.

현재의 맛있는 시장은 '프리미엄의 시대'라 해도 과언이 아닐 것이다. 사람들은 무언가 차별화되어 있고, 프리미엄이 붙으면 기꺼이 지갑을 여는 데 주저함이 없다. 프리미엄 슈퍼마켓에서 판매되는 대부분

홀푸드 마켓(Whole food Market)

홀푸드 마켓은 생활수준이 높아지면서 자연식품과 유기농을 선호하게 된 미국의 중산층 이상 소비자를 타깃으로 성공한 대표적인 오가닉(Organic) 전문 마켓이다. 홀푸드는 엄격한 상품기준에 부합하는 식품만을 판다는 콘셉트로, 이를 위해 믿을 수 있는, 지속가능한 공급업체로부터 공급받기 위해 생산업자와 함께 일해 왔다. 이러한 제약에도 불구하고 홀푸드 마켓은 다양한 종류의 상품을 구비함으로써 고객은 수많은 검증된 건강식품 중에서 자신의 취향에 적합한 것을 고른다는 즐거움을 준다. 건강식품의 원스톱 쇼핑, 이것이 홀푸드 마켓 성공의 가장 큰 요인인 것이다. 더불어 편리한 음식에 길들여진 미국인들을 위해 유기농 편의 식품을 개발하였고 이는 편리한 건강식품이라는 인식을 심어주고 있다. 한편 고객들에게 색다른 경험을 제공하는데, 예를 들면 고객이 직접 골라 자신의 시리얼을 만들 수 있게 하고 고객은 그로 인해 나만의 시리얼을 만들었다는 만족감을 얻게 된다. 매장에는 섹션별로 다양하게 유기농 상품군을 구비해 놓고 있으며, 시식코너, 샐러드바, 푸드코트, 카페 등의 코너로 구성했다.

LOCAL
GLUTEN FREE
GLUTEN FREE
LOCAL
CK-UP
HERE
Fresh Juice
Smoothies
Shots
Need assistance
Please ask a
Team Member.
HEALTH STARTS HERE
HEALTH STARTS HERE
HEALTH STARTS HERE
HEALTH STARTS HERE

홀푸드 마켓(Whole food Market)

SSG 푸드마켓

SSG 푸드마켓은 식문화와 최신 트렌드의 감각적인 라이프스타일을 결합해, 새로운 가치와 경험 제공을 콘셉트로 신세계가 운영하는 프리미엄 슈퍼마켓이다. 새로운 감각의 식문화를 기반으로 프리미엄 신선식품과 명인이 만든 다양한 전통장류, 세계 각국의 다양한 향신료와 소스 등이 구비되어 있으며 세계적 유명 라이프스타일 관련 용품도 구입이 가능하다.

의 상품들은 고가임에도 불구하고 소비자들은 먹거리조차 믿을 수 없는 현실에서 최상의 식자재를 구매하며, 나와 가족을 위한 건강한 음식을 준비하고 있다는 스스로의 만족감을 얻고, 여기에 더하여 직원들의 세심한 서비스와 쾌적한 매장 분위기를 통해 고급 식문화를 즐기며 대우받고 있다는 느낌이 주는 즐거움으로 인해 프리미엄 슈퍼마켓을 선택하는 소비자들은 점점 증가할 것이다.

복합쇼핑몰 내의 외식공간은 경쟁 우위를 위한 브랜드화·차별화·고급화·전문화를 통해 충성도가 높은 고객 형성하기 위해 프리미엄화·복합공간화 등으로 차별화 전략을 구사하고 있다. 이처럼 몰의 외식공간을 바라보는 눈높이는 단순히 음식을 판매하는 곳이 아니라 문화를 체험하는 공간으로 바뀌고 있다. 이에 복합쇼핑몰 내 외식공간은 현재의 급변하는 트렌드에 적합하도록 맛, 공간디자인, 서비스 품질을 개선하여 입점해 있는 몰의 이익 및 해당 외식업체를 찾은 고객 만족에 기여해야 한다. 이를 위해서는 몰 내 외식공간이 가지고 있는 공간 특성과 역할을 정확히 파악하고, 이용 고객이 인지하는 외식공간에 대한 니즈 분석이 반드시 선행되어야 한다. 그 결과를 바탕으로 도출한 개선 전략이 몰 내 외식공간의 품질과 고객만족도를 향상시키는 데 궁극적으로 도움을 줄 것이기 때문이다. 우리 삶에 있어 먹는다는 행위는 매우 사회적인 실체이다. 그것은 다른 사람에 의해 준비되고 제공되며, 많은 외식행위는 다른 사람들과의 교류와 교감의 한 형태로 진행된다. 이러한 점들을 인식하고, 고객들의 고급화된 욕구를 바탕으로 향상된 MD 계획을 통해 외식공간은 복합쇼핑몰의 핵심공간으로 자리 잡을 수 있을 것이다. 그래서 복합쇼핑은 식음공간 계획에 많은 공을 들여야만 한다. 요즘은 맛집 트렌드가 패션보다 더 빠르게 변한다. 단순히 몰을 들른 김에 찾는 공간이 아닌 이곳의 맛을 경험하기 위해 몰을 찾는 맛있는 행복을 체험하는 장소로 변모해야 한다.

원스톱라이프스타일
(One stop life style)

바쁜 삶을 살아가고 있는 현대인들은 그들의 일상생활을 통해 편의성과 가치, 그리고 실용성이라는 측면을 강조하고 있다. 이러한 현상은 쇼핑 등과 같은 일상적인 생활 속에서 일반화되었으며, 소비 관련 행동에서도 이러한 측면을 강조하고 있다. 최근 사람들의 일상생활들을 관찰해 보면 한꺼번에 무엇인가를 동시에 하는 동시성의 경향이 뚜렷하게 나타나고 있다. 예를 들어, TV를 보면서 스마트폰으로 TV에 나오는 관련된 내용들을 웹서핑하고 있으며, 식사를 하면서 책을 보거나 일을 하기도 하고, 운전을 하면서 커피를 마시고, 걸어가면서 통화를 하거나, 음악을 듣는 장면들은 우리의 생활 속에서 매우 익숙한 일들이다. 이와 같은 동시성의 경향은 소비의 경우도 예외는 아니다. 쇼핑도 하고 식사도 하고, 쇼핑도 하고 영화도 관람하고, 쇼핑도 하고 문화교실에서 자기계발도 하고 등과 같이 한 장소에서 동시에 다양한 것을 해결하고자 하는 현대인의 라이프스타일이 보편화되고 있다. 이러한 의미에서, 복합쇼핑몰은 편리성을 추구하는 소비자들에게 쇼핑·식음·문화·금융·미용·의료 등 개인의 라이프스타일과 관련된 업종과 업태가 집적되어 원스톱으로 이용할 수 있는 매력적인 유통채널이다.

이와 같은 현대인의 동시성에 대한 라이프스타일을 상업적으로 구체화하여 비즈니스 모델을 개발할 때, 성공할 수 있는 것이 몰의 성격이다. 초창기 몰이 개발되기 시작했을 때부터, 몰은 원스톱쇼핑 개념을 도입하여, 쇼핑과 동시에 외식과 같은 부가적인 기능을 제공하였다. 그리고 시간의 흐름에 따라 다양한 엔터테인먼트·문화센터 등과 같은 부대적인 기능을 제공하기 시작하였다. 이에 더 나아가 최근 교외에 개발되고 있는 복합쇼핑몰은 레저까지 함께 즐기도록 계획되고 있다. 즉, 현대인들은 라이프스타일 및 소비대상에 대한 개념의 변화로 다수의 기능이 한곳에 집적되어 동시에 서비스받을 수 있는 편리함을 추구하게 되고, 물리적 상품뿐 아니라 그것이 놓이는 장소와 시간을 소비하고자 하는 경향을 보이고 있다. 몰 개발자들은 이러한 소비자들의 심리를 감각적으로 자극하여 한곳에서 모든 것이 만족도 높게 행할 수 있다는 경험 제공을 적극 활용하여야 한다.

복합쇼핑몰은 편리성을 추구하는 소비
자들에게 쇼핑·식음·문화·금융·미용·의
료 등 개인의 라이프스타일과 관련된 모
든 행동을 한 장소에서 원스톱으로 이용
할 수 있는 매력적인 유통채널이다.

B2S
B2S

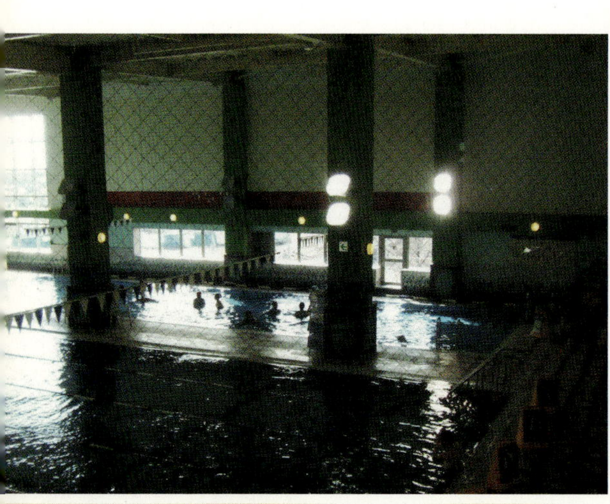

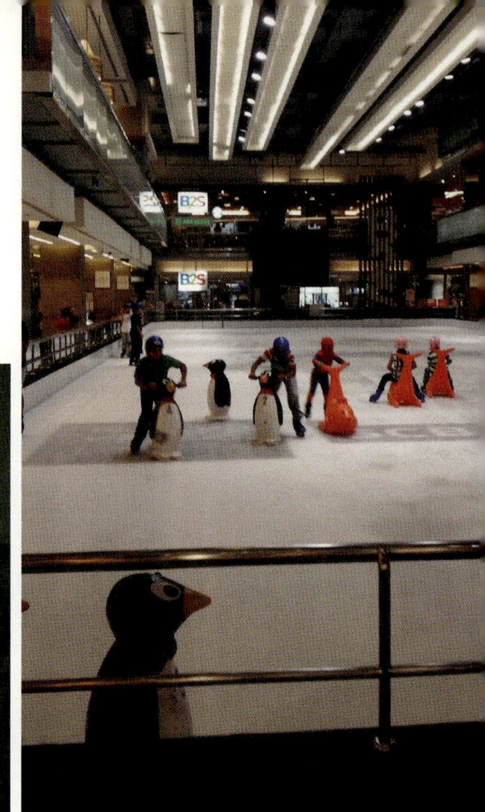

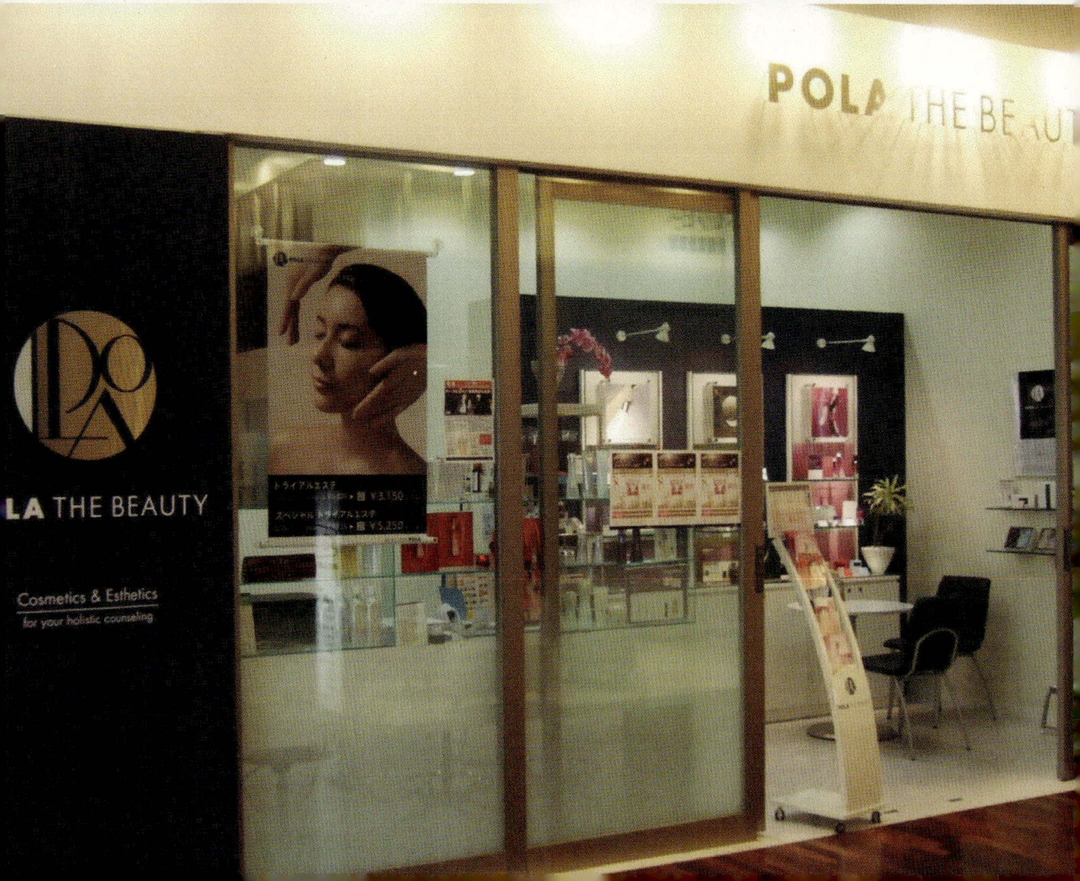
POLA THE BE
LA THE BEAUTY
Cosmetics & Esthetics
for your holistic counseling

복합쇼핑몰은 편리성을 추구하는 소비자들에게 쇼핑, 식음, 문화, 금융, 미용, 의료 등 개인의 라이프스타일과 관련된 업종과 업태가 집적되어 원스톱으로 이용할 수 있는 매력적인 유통채널이다.최근의 복합쇼핑몰은 이러한 원스톱라이프스타일 실현이 가능하도록 엔터테인먼트, 다이닝, 판매 외에도 다양한 업종과 업태가 결합되어 복합쇼핑몰의 테넌트를 구성하고 있다.

도쿄 미드타운(Tokyo Midtown)

2004년 완공된 도쿄 미드타운은 상업, 관광, 문화 그리고 주거가 하나 되는 복합공간으로 102,000㎡의 부지에 54층의 미드타운 타워와 가든사이드, 미드타운웨스트, 미드타운이스트, 21-21디자인센터, 더 파크 레지던트로 이루어졌다. 가든사이드는 상업시설과 산토리미술관으로 구성되었으며 미드타운 타워는 호텔과 업무, 서비스 시설로 구성되었다. 또한 미드타운 웨스트는 상업시설과 업무시설, 미드타운 이스트는 상업과 업무 그리고 주거시설로 이루어졌다. 또한 부지 내 녹지가 차지하는 비율이 큰 것이 특징적이다. 미드타운에는 유명한 쇼핑시설, 도쿄의 미각 트렌드를 선도하는 레스토랑·카페·바·미술관 등이 몰려 있어 이곳을 방문하는 고객들은 이른 아침부터 늦은 밤까지 한자리에서 모든 것을 즐길 수 있다.

도쿄 미드타운(Tokyo Midtown)

복합쇼핑몰의 미래는 유통업체 간 시장점유율보다 소비자의 일상을 점유하는 '라이프 셰어'를 높이는 데 달렸다. 최근, 몰들을 방문해 보면 동물병원, 가전용품 전문점, 공연장, 사우나, 아이스링크, 전문아카데미, 클리닉전문층 등 다양한 기능의 공간들과 믹스하여 복합쇼핑몰을 원스톱 라이프스타일 공간으로 조성해가고 있다. 즉, 소비자들이 현재 향유하고 있는 라이프스타일을 따라가는 것이 아니라 새로운 라이프스타일을 제안하고 소비자와 연관된 모든 서비스를 제공하고자 하는 원스톱라이프스타일 전문점으로의 성격을 사강화하고 있다.

디자인된
친절

처음 쇼핑과 여러 가지 기능이 결합된 복합쇼핑몰이 등장했을 때는 존재 자체가 매우 흥미롭고 즐거웠다. 그러나 현재와 같이 경쟁이 심화된 몰링 산업에서 각각의 몰들은, 해당 몰만의 차별화된 아이덴티티 구축을 통한 브랜드 선호도를 높여야 하는 과제를 앉고 있다. 즉, 특정 몰을 언급했을 때 떠오르게 되는 긍정적 이미지를 형성하는 것이 매우 중요한 과제가 되었다. 몰을 방문하는 고객에게 좋은 이미지를 전달하는 방법 중 하나는 고객이 감동할 만한 보이지 않는 서비스를 제공하는 것이다. 유통환경의 변화는 시대변화에 맞추어 무수한 변신을 꾀하고 있지만, 많은 유통 관련 기업들이 시대가 변화해도 최선의 과제로 고려하는 것은 고객만족이다. 이는 고객이 몰 방문을 통해 만족을 얻었을 때, 긍정적 이미지가 형성되고, 이러한 긍정적 이미지는 재방문으로 연결되기 때문이다. 고객만족이란 용어는 말 그대로 고객에게 만족을 주는 것이다. 즉, 고객의 필요에 발 빠르게 움직여 고객이 만족할 만한 서비스를 제공하는 것이다. 고객만족은 상품 구매 후, 또는 서비스 경험 후 고객이 인식하는 구매(또는 경험) 전 기대와 비교하여 느끼는 상태를 말한다. 쉽게 말하면 고객만족이란 구매한 상품이나 경험한 서비스의 결과가 본인의 기대를 충족시키는 경험을 했을 때 고객이 느끼는 상태를 의미한다. 즉, 치열한 경쟁에서 살아남기 위하여 고객의 마음을 사로잡는 것이 중요하다. 특히, 직접 구매를 통해 경험하는 만족보다 보이지 않는 다양한 서비스가 차별화되어 고객들에게 유용하게 전달된다면 강력한 경쟁력을 가질 수 있다.

복합쇼핑몰은 테넌트 구성의 차별화와 더불어, 고객이 감동할 수 있는 차별화된 서비스 중심으로 빠르게 진화되고 있다. 몰링 산업의 경쟁이 심화되고, 소비자의 몰에 대한 선택권이 넓어지면서 혁신적이고, 창의적인 서비스 방법은 필수적이다. 이는 산업이 점차 발전하면서 제조 산업 중심에서 서비스 산업 중심으로 변화하였고, 산업이 변화하면서 소비자의 소비 심리 또한 변화된 것이 반영된 결과이다. 이전에는 제품의 우수성과 상품과 서비스의 차별성만을 요구하던 소비자가 다양하고 새로운 감성과 경험을 기대한다. 단순 기능적인 역할뿐 아니라 의미를 반영한 가치의 형성을 중요시한다. 소비자의 감성적 요구를 충족시키기 위해 복합쇼핑몰 개발에 있어서도 이러한 보이지 않는 서비스의 역할이 자연스럽게 중요해졌다.

테넌트 기획 및 유치만큼, 여러 가지 방법을 통해 고객이 서비스를 더 높은 가치로 느낄 수 있도록 유·무형의 요소를 통합적으로 가시화하는 방법이 중요해지고 있다. 고객을 고려하지 않고 공급자 중심으로 서비스를 제공했을 때, 고객들의 다음 방문 기회를 외면당할 수 있고

직접 구매를 통한 경험 못지않게 보이지 않는 다양한 서비스가 차별화되어 고객들에게 유용하게 전달된다면 강력한 경쟁력을 가질 수 있다.

고객이 서비스를 더 높은 가치로 느낄 수 있도록 유·무형의 요소를 통합적으로 가시화하여 시각적으로 표현하는 방법은 매우 중요하다.

이는 곧 복합쇼핑몰에는 부정적 영향을 준다. 복합쇼핑몰 운영업체 및 개발자는 몰을 찾는 방문객 분석을 통해 고객들의 다양한 요구사항을 이해하며, 문제점을 해결해주어야 한다.

그러나 대부분의 서비스는 무형의 특징을 지니고 있기 때문에, 무형의 요소를 보이는 유형의 요소로 구체화시키는 작업이 중요하다. 디자인은 이러한 무형의 요소를 유형적으로 표현하여 사용자가 서비스를 시각적으로 인식할 수 있도록 가시화해 주는 매우 중요한 요소이다. 즉, 방문객은 시각적·촉각적으로 실체화되도록 디자인된 서비스를 통해 무형의 서비스를 구체적 유형의 경로로 만나게 되는 것이다. 실제로 아무리 좋은 서비스라고 하더라도 철저하게 계산되어, 디자인이라는 유형으로 방문객에게 가까이 다가가지 못하면 고객들은 서비스를 받았다는 느낌조차 경험할 수 없으며, 이것은 몰의 대한 이미지 형성과 구매율 그리고 재방문율과도 깊은 연관성을 갖게 된다. 몰의 서비스를 디자인한다는 것은 무형의 가치를 디자인 한다는 관점에서 긍정적 서비스 경험을 통해 몰의 가치를 높이는 역할을 의미한다. 고객이 몰을 방문하는 순간부터 서비스는 친절하게 표현되어야 하며, 몰을 나가는 그 순간까지 이러한 서비스를 경험하도록 디자인해야 한다. 소비자들은 매우 사소한 것에 감동하고, 사소한 것에 실망한다. 이러한 과정에서 소비자들은 다른 몰의 서비스와 비교, 분석을 통해 그 몰만의 이미지를 형성하게 되고 가치로 평가하여 무의식중에 선호도를 형성하게 된다.

'진실의 순간Moments of Truth'이라는 용어가 있다. 소비자가 몰의 서비스를 접촉하는 짧은 순간, 그 몰을 인식하고 판단하는 데 결정적인

몰링을 즐기다 보면 누구나 한번쯤은 내가 찾고자 하는 위치 지각이 어려워 내가 목적 장소를 찾아가는 데 있어 불편을 겪은 경험이 있을 것이다. 가장 정확하고 신속성 있어 목적지의 정보를 제공해주는 다양한 시각적 표현은 고객들의 시간과 에너지를 줄이는 것뿐만 아니라 고객들이 보다 편리하게 복합쇼핑몰을 이용하는 데 도움이 된다. 이러한 정보디자인적 요소들은 고객들이 이해하기 쉽고 주목하기 쉬운 합리적인 디자인이 적용되어야 한다.

주차장은 자가용을 이용하여 방문하는 고객들에게 편의성을 제공해 주는 시설로서 넓은 주차공간의 확보와 쾌적한 주차공간 조성 그리고 주차 관련 정보에 대한 명확하고 알기 쉬운 전달은 더 많은 이용객들을 유인할 수 있는 요인이다. 복합쇼핑몰에 있어 적정 규모와 편리한 서비스 제공이 가능한 주차장은 필수적이다.

복합쇼핑몰은 불특정 다수가 이용하는 공간이다. 장애인·노인·유아 등의 사회적 약자들이 불편함 없이 몰링을 즐길 수 있도록 그에 필요한 다양한 지원이 필요하다. 특히, 몰링을 즐기는 데 불편함이 없도록 고려된 유·무형의 서비스들은 고객입장에서 배려받고 있다는 긍정적 경험을 통해 해당 몰의 이미지 효과를 극대화 시킬 수 있다.

소비자들은 사소한 것에서 감동받고 사소한 것에서 실망한다. 화장실은 몰을 방문한 이용자들에게 긍정적 이미지를 심어줄 수 있는 좋은 장소이다. 안전하고 편리한 시설도입은 물론 이용객별 특성에 맞게 '사용자 맞춤형 디자인'으로 공간 활용을 극대화하고 아름다움까지 살려 화장실을 디자인하면, 화장실 하나만으로도 해당 몰의 긍정적 이미지 구축에 기여할 수 있다.

화장실은 몰링을 즐기는 고객들이라면 1회 이상 사용하게 되는 필수적인 공간이며, 몰의 주요한 서비스 시설로써, 몰의 이미지를 좌우하는 곳이다. 화장실이 단순한 생리·위생의 공간 역할을 넘어 편안한 휴식의 공간으로의 역할이 강조되고 있다. 몰의 화장실은 고객만족을 위해 쾌적성, 여유, 휴식을 창출할 수 있는 공간으로 서비스되어야 하고 특히, 여성고객을 위한 화장실은 쾌적하고 깔끔한 공간을 제공해야 한다.

일본 복합쇼핑몰 이온레이크몰에서는 반려동물과 함께 몰링을 즐기는 고객들을 위한 서비스를 제공하고 있다. 국내에서도 반려동물을 키우는 인구가 1,000만을 넘어섰고, 반려동물의 수는 440만 두로 추산되고 있으며, 반려동물 관련 산업은 양적인 팽창을 넘어서 질적으로 고급화되고 있다. 이와 함께 반려견을 가족처럼 여기는 애견문화 때문에 반려동물과 함께 몰링을 즐기고자 하는 수요는 증가할 것으로 보인다. 이렇듯, 반려동물과 함께 몰을 방문하는 고객들을 대상으로 차별화된 서비스를 제공한다면 반려동물과 함께 사는 도시민들의 뜨거운 호응을 얻을 것이다.

역할을 하기 때문에 흔히 '결정의 순간'이라고 한다. 지극히 짧은 순간이지만 서비스에 대한 경험, 인상이 몰의 이미지를 좌우할 수 도 있다. 그 때문에 서비스에서 디자인은 매우 중요하다. 예를 들어, 어느 몰을 방문했는데, 몰에 들어가기도 전 주차장 입구를 안내해주는 표지판의 화살표가 정보 전달을 정확하게 해주지 못하게 디자인되어 있으면, 그 주변을 몇 십 분 헤매게 되고, 몇 십 분 뒤 주차장 입구를 찾아 몰에 진입하게 되더라도, 본격적으로 몰의 다양한 콘텐츠와 서비스를 만나기 전부터 부정적 이미지를 갖게 되고, 최악의 경우에는 그냥 돌아가게 될 수도 있다.

소비자는 구매에 앞서 비구매를 통해 얻게 되는 요소들을 통하여, 자신이 받을 서비스가 어떠할지를 예측하거나, 아직 경험하지 못한 몰에 대해 선입견을 갖게 된다. 정보 전달과 관련된 다양한 서비스들은 고객의 편리한 몰링 분위기에 영향을 미친다는 사실은 누구나 인지하고 있는 내용이다. 그러나 단지 이런 서비스를 제공하고 있다는 것보다, 제공되는 서비스의 품질이 매우 중요해졌다. 특히, 품질을 구성하는 요소 중 정보디자인이 매우 중요한 요소가 되었다. 특히, 소비 관련 행동이 주목적으로 이루어지는 복합쇼핑몰에는 다양한 방법을 이용하여 공간의 목적과 기능을 고객이 인지하고, 목적하고자 하는 소비의 위치를 쉽게 찾을 수 있도록 효과적인 다양한 디자인 요소를 접목시키고 있다. 몰에 방문한 고객은 몰의 입구와 연결된 외부 공간에서부터 몰의 정보를 인지하고 싶어 한다. 복합쇼핑몰은 외부부터 몰 내부에 이르기까지, 헤아릴 수 없을 만큼 많은 요소들이 고객들의 시각을 자극하면서 정보를 전달해주고 있다. 고객은 이 수많은 요소 중 본인이 필요한 정보를 찾아 편리하게 몰링을 즐기길 원한다. 그러나 대규모의 몰 환경 속에서 고객이 필요한 정보를 체계적으로 편리하게 서비스한다는 것은 쉬운 일이 아니다. 몰에서의 정보디자인은 다른 목적의 공간과는 달리 고객이 인지하기 쉽고, 원하는 정보를 정확하게 얻어, 본인이 목적하는 장소를 쉽게 찾아갈 수 있도록 디자인하는 것이 가장 우선적이다. 이러한 정보전달에 있어, 비주얼 아이덴티티의 차별성이 중요한 개념이 되었다. 다른 브랜드의 몰에 비해 인지하기 쉬우면서, 세련되고, 편리한 디자인을 가진 품질을 원하고 있다. 고객의 입장에서 쉽게 인식하고, 눈에 잘 보이며, 몰링 중에도 보기 편리하며, 부담스럽지 않게 디자인되어 있어야 한다. 예를 들면, 주차장의 정보디자인은 출구와 입구의 방향을 제대로 인식 가능하도록 디자인되어야 하며, 고객들이 출차를 위해 본인의 차량 위치를 쉽게 찾아갈 수 있도록 디자인되어야 한다. 또한, 각종 맵Map 관련 디자인은 본인이 현재 어디에 있으며, 본인이 찾아가고자 하는 위치에 대한 정확한 방향 설정이 가능하도록 디자인되어 있어, 처음 몰을 방문한 고객들도 불편함 없이 본인이 목적하는 장소를 찾을 수 있도록 시각적으로 디자인되어야 한다.

성공적인 서비스를 디자인하기 위해서는 먼저 방문객의 니즈를 이해하는 것에서부터 출발한다. 서비스를 디자인하기 위해서는 방문객의 잠재적인 니즈에 대해 충분한 이해를 갖는 것이 중요하다. 하지만 그런 일들은 예측하기 어렵고, 대부분의 방문객도 자신의 니즈에 대해 의식하고 있지 않으며, 복합쇼핑몰 고객이 불특정 다수라는 특성상 고객마다 니즈는 다르기 때문에 소비자의 니즈를 발견하여 분석하는 데는 어려움이 많다. 그러나 몰에서 제공되는 서비스는 운영업체나 개발

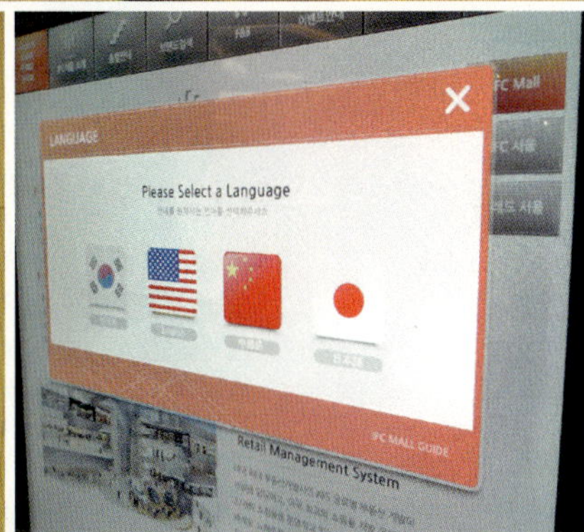
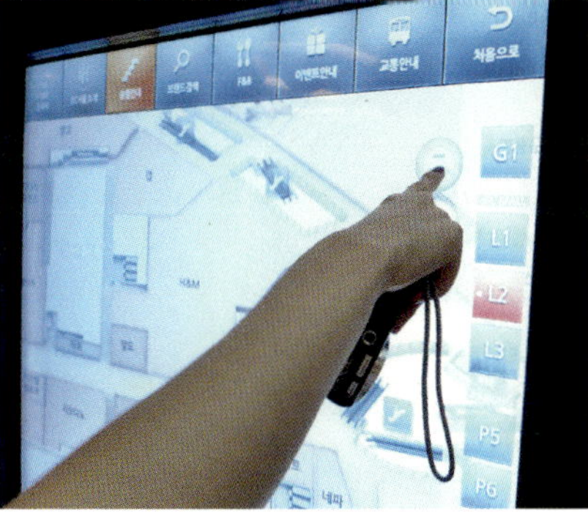

복합쇼핑몰에서 정보디자인은 직접적인 방식으로 고객이 원하는 정보를 신속하게 전달하는 매개체로 몰과 고객 사이의 효율적인 커뮤니케이션의 수단이 되어야 한다.

복합쇼핑몰에서의 정보디자인은 고객들로 하여금 쉽게 이해되고 행동에 옮길 수 있는 정보를 제공할 수 있어야 하며, 시각적으로 주변 환경과의 조화를 이루어 심미적으로 느껴지도록 디자인되어야 한다.

자에 의해 공급되고 공급자로부터 생각되고 계획된다 할지라도, 적어도 체계적이고 논리적인 메인 타깃 이용자층에 대한 분석을 통해 운영업체 방문객 모두에게 초점이 맞춰진 서비스를 제공해야 한다. 방문객 없이 서비스는 있을 수 없기 때문에 메인 고객에 대한 연구는 필수적이다. 즉, 고객의 라이프스타일을 기본으로 소비자들이 몰에 대해 요구하는 니즈와 이를 반영한 서비스 기획, 그리고 구현된 서비스를 고객에게 테스트하고 이를 통해 방문객의 니즈를 반영 및 보완하는 프로세스가 번거롭지만 고객만족을 위해서는 필수적이다. 결국, 몰에 있어 서비스를 디자인하는 것에서 중요한 것은 고객의 경험을 분석하여 디자인으로 구현하는 것이다. 이것은 직접적인 방식이 아닌 간접적이고 은유적인 방식의 고객과의 일대일 커뮤니케이션을 통해 이루어져야 한다.

또한, 복합쇼핑몰의 서비스를 기획함에 있어, 방문객의 시점을 고려하는 것도 중요하다. 몰에 있어 서비스를 디자인한다는 것은 몰을 방문했을 시점의 현재에서의 서비스도 중요하지만, 몰을 방문하기 전의 사전 서비스를 통해 고객으로 하여금 즐거운 상상과 몰링에 대한 기대감을 그리고 몰을 방문한 이후의 사후 서비스는 재방문을 유도하는 온·오프라인의 통합적 서비스를 구현해야 한다. 그러므로 사전-현재-사후로 이어지는 서비스의 흐름을 일회적이 아닌 지속적으로 디자인되어야 한다. 사전 서비스에는 소비자를 몰로 이끌 수 있는 매력적이고 효율적인 디자인이 필요하다. 그리고 사후 서비스에는 다시 방문하고 싶다는 느낌이 들 수 있도록 해당 몰만의 긍정적 이미지를 담아내고 있는 방문 유도 프로그램이나 콘텐츠 기획을 통해 서비스되어야 할 것이다.

　복합쇼핑몰은 단순한 소비의 공간이 아니다. 방문객은 다양한 요소와 오감에 의해 몰을 경험하게 되고, 몰에 대한 긍정적인 경험과 가치를 부여함으로써 본인의 여가시간의 질을 높이고자 한다. 그러므로 몰에서의 보이지 않는 유·무형의 서비스들은 고객입장에서 대우받고 있다는 긍정적 경험을 통한 고객만족으로, 해당 몰의 이미지 효과를 극대화시킬 수 있는 대안으로 정착할 것이다.

　　　　　　　　　　　　　　　　　　　몰링, 상상 이상의 즐거움

알본 도쿄 미드타운 입구에 설치된 사인물

몰에 있어 휴게공간은 고객이 단순히 휴식을 취하는 기능뿐만 아니라 휴게공간을 이용함으로 인해 몰링 경험에 대한 만족도를 높여줄 수 있으며, 소비를 증진시켜줄 수 있는 매개 역할을 하고 있다.

최근 복합쇼핑몰들은 고객의 편리를 위한 휴식
공간의 중요성을 강조하여, 고객이 몰링을 즐기
고, 몰에 대한 긍정적 이미지를 형성할 수 있는 다
양한 서비스 공간을 제공하고 있다. 삶의 질과 문
화수준이 높아짐에 따라 몰 내 휴게공간의 필요
성과 이용도도 높아지고 있기에, 쾌적하고 오감
을 만족시켜줄 수 있는 공간으로 서비스되어야
할 것이다.

고객을 고려하지 않고 공급자 중심으로 서비스를 제공했을 때, 고객들의 다음 방문 기회를 외면당할 수 있고 이는 곧 복합쇼핑몰에 부정적 영향을 준다. 복합쇼핑몰 운영업체 및 개발자는 몰을 찾는 다양한 층의 방문객 분석을 통해 이들의 요구 사항을 이해하고 문제점을 해결해 주어야 한다.

소비의 중심 어린이 VIK
(Very Important Kids)

복합쇼핑몰은 각 시대의 사회와 문화의 흐름을 적절하게 수용할 수 있어야 한다. 특히, 불특정 다수가 대상이 되는 복합쇼핑몰의 경우, 사회적·문화적 현상에 따라 다양하게 변화하는 소비자의 요구가 우선적으로 파악되어야 하며, 이러한 요구가 몰의 테넌트, 환경구성, 콘텐츠 적용에 고려되어야 한다. 최근, 우리사회의 가장 큰 사회현상의 핵심 키워드는 '키즈(kids)'라고 해도 과언이 아니다. '세 살 고객 여든까지 간다'는 말처럼 미래의 소비자로 어린이를 중요하게 생각하는 것과 더불어 실제 소비 중심에 어린이라는 대상이 떠올랐으며, 키즈 관련 시장의 규모가 급팽창하고 있다. 이러한 현상에는 소득 수준의 전반적인 향상, 소비지향적인 사회 분위기, 맞벌이 부부의 증가, 한자녀 가족의 보편화 등과 관련된 사회문화 현상이 반영된 결과이다.

경기 침체에도 키즈 관련 시장에서만은 사람들이 지갑을 아낌없이 연다. 돈과 사람이 몰리기에 관련 업체마다 키즈를 고려한 다양한 움직임도 활발하다. 유통업체는 어린이 전문관을 만들고, 고정적 소비자 층인 젊은 엄마들을 확보하기 위해 다양한 서비스를 개발하고 있다. 특히, 출산율 감소로 가족구성원에 있어 자녀수가 많지 않기 때문에 부모의 관심은 항상 아이들에게 집중되고 있으며, 부모의 관심과 투자 를 전폭적으로 받고 있다 보니 VIK_{Very Important Kids}라는 신조어까지 등장했다. 이와 관련하여, '내 아이는 최고로 키우겠다'는 2030세대의 고학력 경제력을 갖춘 젊은 엄마들을 의미하는 '골드맘'이 새로운 소비 의 주체로 떠오르고 있고, 그녀들은 자신의 자녀들을 모두 VIK로 여기 고 있다. 내 아이는 남들과 다르게 특별한 무언가를 해주고 싶고, 아이 가 좋아하는 것들은 무조건 해주고 싶은 엄마들의 욕심은 커져만 가고 있는 것이다. 또한 부모가 어렸을 때 풍요롭지 못했던 시절의 누리지 못했던 것들을 아이에게 대리만족시키는 소비열풍도 골드맘들 사이에 서 심리적으로 크게 작용하고 있다. 이처럼 직·간접적으로 어린 자녀 들은 부모의 소비에 상당한 영향력을 행사하기 때문에, 복합쇼핑몰 뿐 만 아니라, 구청·은행·병원 등의 기관에서도 고객 서비스의 일환으로 시설 내 어린 자녀와 관련된 공간 및 다양한 서비스를 제공하고 있다.

어린이를 중심으로 소비가 이뤄지지만 결국 지갑을 여는 것은 성인 가족이기 때문에 어린이 관련 직접 소비가 아니더라도, VIK 관련 콘텐 츠들은 몰의 핵심 요소로 부상하고 있다. 복합쇼핑몰에서 이루어지는 소비활동과 관련하여 어린이가 영향을 미치는 요소는 다음과 같다.

첫째, 어린이가 직접적인 소비의 주체가 되는 시장이다. 부모와 함 께 몰을 방문하여 자녀가 직접 좋아하는 옷·학용품·장난감·과자 등의 상품을 구입하는 형태와 키즈카페·어린이테마파크 등을 이용하는 형

어린이는 그 자체가 소비의 주체일 뿐만 아니라, 가족의 구매 결정에 직·간접적으로 큰 영향을 미치기 때문에, 어린이 자체를 목표 시장으로 설정한 여러 형태의 전략이 필요하다.

일본 지바현에 위치한 '이온몰 마쿠하리신도심'에 입점되어 있는 어린이 직업체험 시설에서 아이들은 직접 본인의 장래 희망 직업에 대해 체험하면서 즐거운 시간을 보낼 수 있다.

태를 의미한다.

둘째는 소비 주체인 부모에게 영향력을 행사하는 시장이다. 최근 여가·쇼핑 등의 트렌드 보고에 의하면 가족 내에서 아이들의 의사 결정력은 상대적으로 커지고 있다. 부모들이 상품을 구매할 때 자녀들의 취향을 고려해서 구입하게 되는 경우가 많다. 어린 자녀들이 있는 가족들은 쇼핑 장소나 외식장소를 선택할 때도, 이들을 위한 편의시설과 서비스가 되어 있는지 여부가 선택의 주요 요소이다. 또한, 새롭게 자동차를 구매할 때도 어린 자녀와의 라이프스타일을 고려하여 제품을 선택하고, 일상의 식료품을 구매할 때에도 어린 자녀의 취향에 의해 선택되는 경우가 많다.

셋째는 어린이들이 성장해서 소비의 실질적 주체가 되는 미래시장이다. 현재의 어린이들도 언젠가는 성장하면서 어른이 되고 다양한 상품과 서비스의 독립적인 소비 주체가 된다. 이들이 성인이 되었을 때, 어린 시절 긍정적 이미지가 형성된 몰 브랜드에 대한 추억을 바탕으로 미래 고객으로 쉽게 전환시키는 데 도움을 준다. 이와 같이 어린이는 몰 산업에서 새롭게 떠오르는 핵심 고객층이며, 잠재적인 가치를 지닌 중요한 소비층으로서 복합쇼핑몰에서의 중요한 마케팅 대상이 되고 있다.

복합쇼핑몰 내 어린이 관련 공간은 두 가지 측면에서 살펴볼 수 있다. 첫째는 직접적인 소비가 이루어지는 공간이며, 둘째는 몰에서 제공하는 서비스 공간이다. 복합쇼핑몰은 어린 자녀를 둔 고객을 확보하기 위해서는 두 가지 형태의 공간 모두가 중요하며, 반드시 필요한 공간이다. 먼저, 직접적인 소비가 이루어지는 공간의 경우는 몰의 영업

이익과 직결된다. 특히, 여가·휴식 등과 관련된 선택에 있어서는 어린 자녀들의 영향력이 절대적인 경우가 많기 때문에, 어린이 관련 업종과 입점 업체 선정에 고심해야 한다. 또한, 어린 자녀 관련 엔터테인먼트 공간은 어린이뿐만 아니라 아이를 동반한 부모들에게 있어서도 소비를 확대시킬 수 있다. 최근 키즈테마파크가 몰의 주요 테넌트로 등장하고 있는 것이 이를 반증하고 있다. 키즈테마파크는 어린이 놀이 특징이 확장된 개념으로 몰 공간에 접목함으로써 기존의 테마파크와는 차별화되었다. 키즈테마파크는 일정한 테마를 중심으로 테마에 맞는 분위기를 조성하는 환경적 연출·놀이 등을 서비스한다. 특히, 어린이들이 좋아하는 만화·영화 캐릭터들과 만화·영화에 나오는 배경을 활용한 인테리어 디자인은 아이들의 호기심을 자극하고 있다. 키즈테마파크는 어린이들의 문화적 욕구를 충족시켜줄 수 있는 시간과 장소이며, 부모와 동반한 가족 고객 증가의 효과를 기대할 수 있다. 특히 어린아이를 동반한 젊은 부부 고객들이 아이들과 함께 몰링을 즐길 수 있다는 장점이 있다. 국내에서도 이러한 키즈테마파크가 복합쇼핑몰에 테넌트로 입점되어 있는 경우가 많다. 대표적인 사례가 딸기가 좋아, 뽀로로파크, 키자니아 등이다. 이외에도 대부분의 복합쇼핑몰에는 키즈카페와 어린이들을 위한 블록방 등 어린이들에게 즐거움을 제공할 수 있는 업태들이 입점되어 있다. 둘째, 몰에서 제공하는 어린이 관련 서비스 공간은 직접적인 소비가 이루어지지 않지만 다소 넓은 공간을 필요로 한다는 특징을 갖고 있다. 그 결과, 이윤 추구가 궁극적인 목적인 복합쇼핑몰에 있어서 이러한 서비스 시설보다는 실제적 매출이 발생하는 업체의 입점을 우선시하기 때문에 어린이 관련 서비스 공간의 필

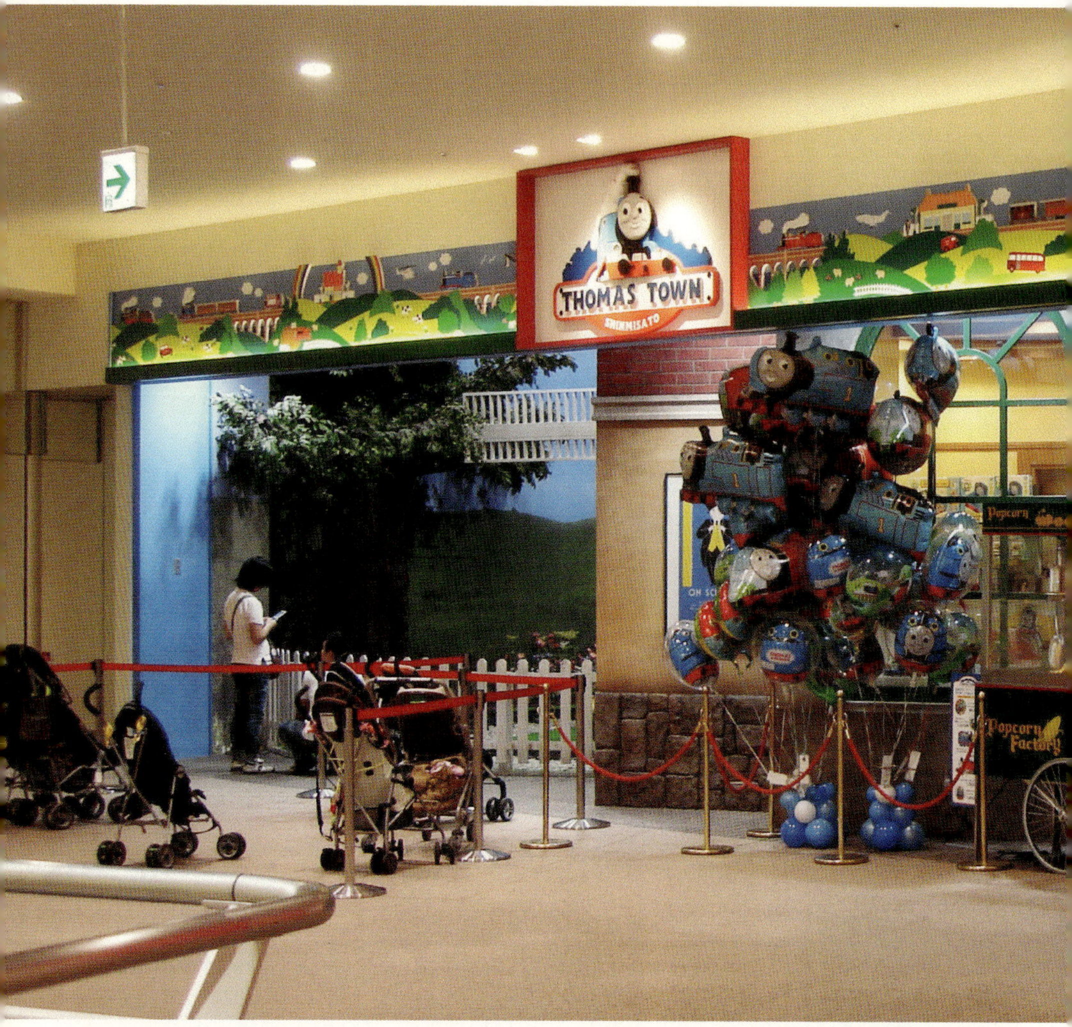
THOMAS TOWN
Popcorn Factory

PFORD

1
KNAPFORD

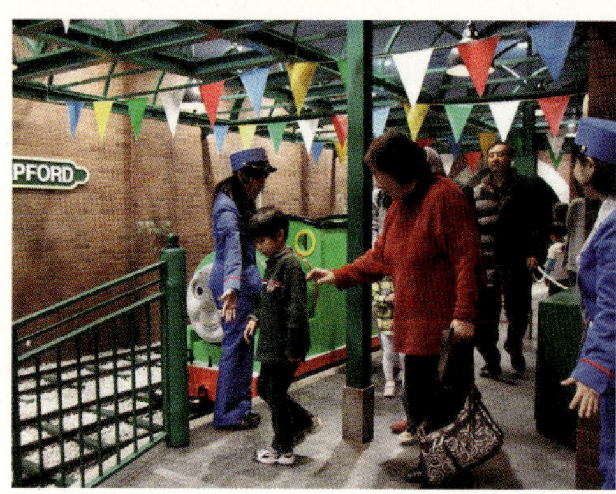

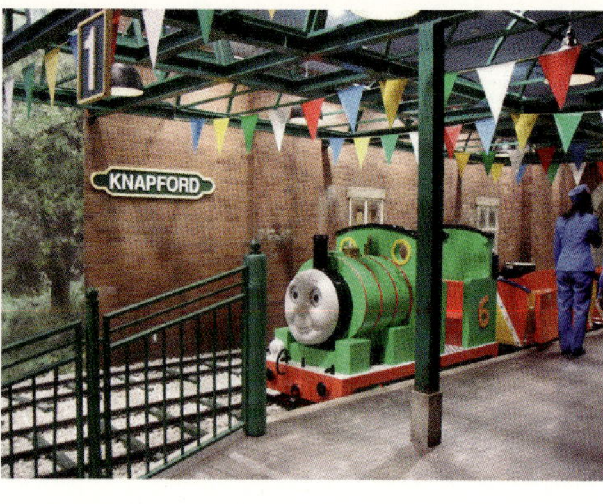

일본 요코하마 복합쇼핑몰 '라라포트'에 입점한 키즈테마파크, 토마스타운(Thjomas Town)

어린이들 눈높이에 맞는 쇼핑카트는 어린이 동반 가족 고객들에게 편리한 몰링을 즐길 수 있는 효율적인 도구가 될 수 있다. 어린이 전용 쇼핑 카트는 어린이에게 좀 더 친근하게 느껴질 수 있고, 효율적인 쇼핑이 가능하도록 지원할 수 있는 구조로 구성되며, 안정성이 확보되도록 디자인되어야 한다.

자녀를 동반한 가족들의 몰링에 있어 여가, 식음 등과 관련된 선택은 어린 자녀들의 영향력이 절대적인 경우가 많기 때문에, 어린이 관련 업종과 입점 업체 선정에 고심해야 한다.

키즈카페는 외부 기후 변화에 상관없이 실내에서 안전하게 놀 수 있는 실내놀이터의 개념을 의미한다. 키즈카페는 어른과 어린이가 함께 이용할 수 있는 공간으로서, 어린이들에는 즐거운 놀이공간을 제공하고, 어른에게 아이들이 놀이공간을 즐기는 동안 휴식할 수 있는 공간을 제공해줄 수 있는 시설이라는 점에서 어린 자녀와 동반하는 고객에게 큰 호응을 얻고 있다.

몰에서 제공하는 어린이 관련 서비스 공간은 직접적인 소비가 이루어지지 않지만, 어린이 동반 가족 고객들에게 만족을 제공함으로써 어린이를 동반한 소비자의 요구에 대응하면서 이익실현을 위한 하나의 전략이 될 수 있다. 어린 자녀를 둔 고객을 위해 마련한 공간은 단순히 어린이들만의 공간이 아니라 이제는 어른을 위한 공간이기도 하므로 이 공간에 대한 차별화된 공간구성과 콘텐츠가 필요하다.

어린이에게 있어 놀이와 교육은 개별적 영역이 아니라 하나의 통합된 개념이다. 놀이는 즐거움을 주는 동시에 어린이의 필수적인 학습활동이기 때문에, 어린이 대상 서비스 기획에 있어 놀이의 교육적 의의가 강조된 콘텐츠 개발이 이루어져야 한다.

복합쇼핑몰의 어린이를 위한 공간은 어린이들과의 상호 커뮤니케이션이 이루어지도록, 직접 보고, 듣고, 만지고, 놀이를 하며 즐기는 공간으로 차별화되어야 한다.

요성을 간과하는 경우도 있다. 하지만 장기적으로 이러한 서비스 공간을 구성하여, 어린이 동반 가족 고객들에게 만족을 제공함으로써 방문 고객의 재방문과 주변사람들에게 구전효과를 이끌 수 있고, 결과적으로는 매출에 긍정적 영향을 끼친다. 즉, 복합쇼핑몰의 입장에서는 어린이를 위한 공간의 설치는 어린이를 동반한 소비자의 요구에 대응하면서 이익실현을 위한 하나의 전략이 될 수 있다. 어린 자녀를 둔 고객을 위해 마련한 공간은 단순히 어린이들만의 공간이 아니라 이제는 어른을 위한 공간이기도 하므로 이 공간에 대한 차별화된 공간구성과 콘텐츠가 필요하다.

어린이 수의 감소에도 불구하고 어린이 산업의 시장규모는 오히려 확대되고 있다. 이는 출산율은 급속히 줄어들고 있는 데 반해 자녀에 대한 부모의 관심이 높아지고 있기 때문이다. 자녀에 대한 관심과 지출 규모가 갈수록 증가되면서 복합쇼핑몰에 있어서도 어린이 관련 시장은 점차 더욱 크게 확대될 것이다. 이러한 어린이 관련 콘텐츠들이 성공하기 위해서는 첫째, 어린이의 마음을 사로잡아야 한다. 어린이들의 마음을 사로잡아야 아이들이 그것을 소유 또는 경험하고 싶은 욕망이 생기고, 소비의 주체인 부모님에게 영향을 주어 소비로 연결될 수 있기 때문이다. 이러한 전략의 핵심가치는 어린이들에게 즐거움을 줄 수 있는 '재미'이다. 즉, 그들의 관심사와 연계해 호의적인 관계를 형성하는 콘텐츠 전략을 구축해야 한다. 둘째, 부모의 심리를 설득해야 한다. 실제 어린이들이 선호하는 선택을 하더라도 지갑을 여는 키는 부모이기 때문에 그들의 심리를 파악하여 전략을 수립하는 것 또한 중요하다. 어린이들에게는 흥미를 끌 수 있는 재미가 매력적인 요소로 작

몰링, 상상 이상의 즐거움

용하지만, 부모들의 선택에서는 재미만으로 설득할 수 없다. 부모에게는 심리적 대리 만족이 중요한 요인으로 작용한다. 많은 부모들은 자녀들을 본인 자신과 동일시하는 경향이 있다. 즉, 아이에 대한 소비로 자신이 대리만족을 하는 것이다. 아이와 관련된 소비를 하는 과정에서 자신이 소비하는 것과 같은 만족감을 느끼게 된다. 이러한 심리적 대리 만족은 관련 입점 업체 선정 및 서비스 계획에 있어 중요한 부분이다. 왜냐하면, 실제 소비의 주체는 결과적으로 부모들이기 때문이다. 결국 소비에 대한 총체적 결정을 내리는 것도 부모이기 때문에 부모들의 감성을 자극하는 전략은 매우 중요하다.

도시의 새로운
커뮤니케이션

유통 환경의 경쟁이 심화되고, 점차 대형화되면서 복합쇼핑몰은 생활문화공간으로서의 기능이 확대되고, 그 중요성이 커지고 있다. 2000년대 이후 복합쇼핑몰의 개발이 본격적으로 이루어지면서, 도시의 새로운 문화 및 여가를 즐길 수 있는 장소의 유형으로 몰이 자리 잡게 되었다. 하지만 복합쇼핑몰은 위치하는 입지적인 특성에 따라 몰을 방문하는 고객과 더불어 불특정 다수가 이용할 수 있는 특징을 가진 공간이다. 복합쇼핑몰은 형태는 다르지만 여러 용도시설들이 함께 특정 사이트에 위치하고 있어, 많은 사람들이 이동 장소로서 기능을 가지고 있으며, 몰 이용자들 또한 단순한 소비의 공간으로 인식하기보다는 새로운 라이프스타일의 하나로 문화를 즐기고, 휴식을 취하는 도시의 복합적인 새로운 문화공간으로 인식하고 있다. 복합쇼핑몰은 더 이상 소비만이 아닌 여가 및 휴식을 즐기는 공간으로, 몰이 위치하는 지역과 도시에 작용하는 영향력은 점점 더 커지고 있다. 이러한 복합쇼핑몰은

몰링, 상상 이상의 즐거움

몰이 위치하는 지역사회에 다양한 영향력을 미치게 된다. 지역경제 활성화의 역할뿐만 아니라 지역 주민과 지역 상권을 위한 다양한 편의시설, 문화적 가치를 높이는 역할을 통해 새로운 도시의 커뮤니티 기능을 수행하며, 복합쇼핑몰 내에서 활동하고 있는 사람들뿐만 아니라 외부 이용자의 다양한 욕구를 충족시킬 수 있는 기능을 수행한다. 즉, 이용자가 즐겨 찾을 수 있도록 직접적인 소비 시설 이외에 이벤트 및 각종 프로모션이 주는 즐거움의 체험이 가능한 공간이 혼합되어 복합쇼핑몰 자체가 지역사회의 새로운 휴식 및 커뮤니케이션의 장소로 자리 잡고 있다. 또한 복합쇼핑몰을 구성하고 있는 다양한 형태의 공간은 단순히 상업적 목적을 넘어서 새로운 지역 내 공공 공간을 제공하기도 한다. 이러한 공공 공간에서 제공되는 휴식·문화공연·전시 등의 여가 휴식기능은 대부분이 무료로 제공되지만, 몰 마케팅에 있어 중요한 콘텐츠이다. 즉, 복합쇼핑몰이 도시에서 차지하는 역할은 직접적인 소비뿐만 아니라 공공성의 성격과 문화콘텐츠를 통한 지역민의 소통 제공 등 다양한 방면으로 점차 확대되고 있다.

몰 공간구성에서도 소비공간의 중요도 못지않게 공공 공간의 역할이 강화되고 있다. 도시 공간에서 우리가 걷는 가로공간와 공원, 광장 등이 대표적인 공공성을 갖는 공간이다. 이러한 공간은, 목적지를 향해 가는 과정 중, 통행하는 통로의 개념으로 인식되었지만 최근에는 대표적인 공공 공간으로 휴식, 커뮤니케이션, 문화활동 등의 장소로 이용된다. 이렇듯 복합쇼핑몰은 사적인 상업공간에 공적 공간을 형성하여 사적 공간을 불특정 지역주민들과 공유하게 되는 특별한 성격의 공간인 것이다. 이러한 의미에서 최근의 복합쇼핑몰은 국가에서 형성해주는 공공재의 성격이 아닌, 새로운 의미의 공공 공간으로서 경제적 활동을 주목적으로 하면서도, 특정 목적을 갖고 몰을 방문하는 고객과 그렇지 않은 이용자 모두에게 안정된 공공영역을 제공하는 사유공간인 것이다. 따라서 복합쇼핑몰의 공간은 민간에 의해 제공된 도시 공공 공간의 성격을 가진다고 볼 수 있다.

 복합쇼핑몰의 다양한 공간 중 오픈스페이스open space는 도시의 활력과 쾌적한 도시환경에 기여할 수 있는 대표적인 공공 공간으로 몰에 대한 긍정적 이미지 형성에 기여할 수 있다. 또한 몰의 오픈스페이스는 이용객 및 지역사회주민들 간의 사회·문화적 커뮤니케이션 기능을 활성화하는 장소이다. 특히, 여가라는 관점에서 이용객들의 구매의사를 증진시키고 공간의 경험 제공을 통해서 몰의 활성화를 도모할 수 있는 공간이다. 과거의 여가활동은 주말을 이용하여 도시의 외곽에 있는 자연 속에서 이루어지는 경우가 많았다. 하지만 도시가 확장되고 여가문화가 다양화되면서 도시 내부에서도 자연과 같은 쾌적한 환경을 체험하고 여가생활을 영위할 수 있는 공간에 대한 요구가 높아졌다. 또한 여가활동이 대중화·보편화되면서 현대인들의 원하는 여가공간은 많은 쉽게 접근이 가능하고 이용함에 있어 편리성을 요구하게 되었다. 여기서 의미하는 편리성은 단순히 거리적·시간적 접근의 편리성을 의미하는 것만이 아니라, 남녀노소 다양한 계층이 쉽게 접근하고 즐길 수 있는 성격을 의미한다. 특히, 도심에 위치한 몰은 여가의 접근성과 편리성을 제공해줄 수 있기 때문에, 여기에 자연의 쾌적함을 더할 수 있다면 도심 내 가장 훌륭한 여가장소가 될 수 있다. 이러한 의미에서 복합쇼핑몰의 오픈스페이스는 현대 도시민들의 여가생활에 대한 공간 기대치를 충족시켜줄 수 있는 역할을 수행할 수 있는 좋은 장소이다. 몰의 오픈스페이스는 쾌적한 환경뿐만 아니라, 편안한 휴식처 제공 등 여러 가지 측면을 고려하여 디자인되어야 한다. 도시민들은 바쁜 생활 속에서 쉽게 찾을 수 있는 자연, 즉 일상적으로 만나고 체험할 수 있는 쾌적한 공간에 대한 요구가 있다. 물·식물 등의 자연적 요소를 적극적으로 도입하여, 복합쇼핑몰 주변 환경과 고려한 호수·공원·광장·분수·산책로 등 다양한 형태의 쾌적한 오픈스페이스를 제공하여야 할 것이다. 한편, 복합쇼핑몰의 저층부 오픈스페이스의 경우 본격적으로 몰 내부로 진입하는 동선과 연결되어 있기 때문에, 오픈스페이스 디자인에 있어 더욱 고민해야 한다. 앞서 언급한 쾌적한 환경 제공과 더불어, 오픈스페이스와 몰 내부 환경을 구성하는 요소와의 자연스럽고 효율적인 상호 연결을 통해, 이용자들이 능동적으로 몰 내부를 통과하도록 조성해야 한다.

복합쇼핑몰에 있어 여가 및 문화 공간은 판매시설·식음시설과 달리 방문객들의 체류시간을 연장하고, 구매하지 않아도 누구나 즐길 수 있는 공간이다. 그 결과, 쇼핑몰에 대한 긍정적 이미지를 형성하고, 나아가 판매로도 이어지는 효과를 가지고 있다. 즉, 방문객들은 소비를 위해 몰에 방문하지만 동시에 즐겁고 쾌적한 환경을 즐기고 그 장소 속에 담겨 있는 여가휴식공간의 가치를 받아들이게 되어, 방문과 체류 자체가 이용객들에게는 즐거운 휴식 및 여가의 기능을 하게 되는 것이다. 복합쇼핑몰에서 이러한 공간을 통해 집객효과를 더욱 극대화하려는 것은 일종의 마케팅전략으로도 볼 수 있다. 이는 스페이스마케팅 전략으로 볼 수 있으며, '공간'을 "체험"과 "경험"이 전제되는 복합 개

바쁜 현대인들은 도시 생활 속에서 쉽게 찾을 수 있는 쉼의 장소, 즉 일상적으로 만나고 체험할 수 있는 쾌적한 공간에 대한 요구가 있다. 몰의 오픈스페이스는 쾌적한 환경뿐만 아니라, 편안한 휴식처 제공 등 여러 가지 측면을 고려한 공간으로 조성하여 도시민들의 쉼터를 제공하고 문화생활 및 다양한 콘텐츠를 즐길 수 있도록 구성해야 한다.

난바파크(Namba Parks in Osaka)

난바파크는 오사카의 번화가인 미나미지구에 야구장이 자리했던 곳으로, 1989년 오사카에 새로운 돔 구장의 건설로, 도심상업지구의 활성화를 위한 개발 프로젝트로 진행된 복합쇼핑몰이다. '난바파크'는 단순 몰의 개념보다는 쇼핑몰·극장·음식점·업무시설 등이 어우러진 복합문화공간의 성격이 강하다. 이러한 난바파크가 일본을 대표하는 친환경 건축물의 아이콘이 된 것은 '녹색과의 공존'을 콘셉트로 건축물 내외부를 녹화하였기 때문이다. 특히, 난바파크의 대규모 옥상녹화작업은 한 해 2,900만 명의 방문객이 다녀갈 정도로 난바파크를 오사카의 명소로 만들어 주었다. 옥상녹화 등 건물 내외부의 녹화를 통해 건물 외피의 온도를 낮추면 건물 실내의 온도가 상대적으로 낮아져 과거보다 에어컨 가동이 줄여 전기 및 가스 사용료를 연간 450만 엔가량 줄였다고 난바파크 관계자가 언론 매체와 인터뷰하기도 했다. 야구장이 입지했던 공공장소의 특성을 살리며 옥상녹화를 통해 도심 내 대규모 친환경적 녹화공간을 만들어 도심 속의 오아시스로 오사카 시민들에게 도심 속 쾌적함을 선사하고 있다.

난바 파크(Namba Parks in Osaka)

복합쇼핑몰 개발이 활성화되면서 기존의 판매, 다이닝, 엔터테인먼트 외에 전통적으로 공공공간의 역할이 었던 휴식, 여가 등의 기능까지 몰에서 담당하게 되었다. 몰은 쇼핑을 하고, 여가를 즐기고, 문화를 즐기며, 휴식을 취하는 공간으로 복합화 구성해야 할 것이다. 특히, 복합쇼핑몰의 오픈스페이스는 도시의 활력과 쾌적한 도시환경에 기여할 수 있는 대표적인 공공공간으로 몰에 대한 긍정적 이미지 형성에 기여할 수 있다. 또한 몰의 오픈스페이스는 이용객 및 지역사회주민들 간의 사회, 문화적 커뮤니케이션 기능을 활성화하는 장소로 지역사회에 기여해야 한다.

복합쇼핑몰의 오픈스페이스는 도시의 여가공간으로 정착하고 있으며, 이를 통해 체류시간을 증대시켜, 편안함을 느끼게 하여 소비와 연결될 수 있도록 하는 것이 중요하다.

메마른 도시환경 속에서 자연의 녹음을 형성해 주는 쾌적한 공간 연출은 몰 환경 구성에 있어 고객들에게 긍정적 이미지를 형성해 줄 수 있는 요소이다. 최근, 실내외 공간의 수직적인 요소인 벽면을 하나의 도심 속 자연으로 만드는 버티컬 가든(Vertical Garden)을 활용한 디자인은 쾌적하고 숨 쉬며 살아 있는 몰 환경을 만들어준다.

복합쇼핑몰 내·외부에 연출된 버티컬 가든

념으로 접근한다. 이러한 공간은 '집객요소'를 가지게 되는데, 몰에서 집객요소를 활성화하기 위해 휴식공간·문화공간 등 현대의 소비자들의 니즈를 충족시켜 줄 수 있는 다양한 구성이 생겨나게 되었다. 대표적인 예로는, 단지 걷기만 하는 것이 아닌 보행 중간중간에 쉴 수 있는 휴게 공간을 제공하는 보행공간, 만남과 행사의 장소이자 심리적 해방감을 주는 광장, 자연의 편안함을 주는 도시의 자연거실 녹지공간, 각종 문화행사와 이벤트가 열리는 문화공간 등이며, 이러한 공간들의 중요성은 점차 강조되고 있다. 즉, 몰은 이용객들이 쉽게 접근하여 여가, 취미활동, 오락과 휴식을 위한 장소로서의 역할과, 다양한 문화적 욕구를 충족시킬 수 있는 장소로서의 의미가 강화되고 있다. 복합쇼핑몰에 있어 다양한 문화공간은 주체가 누구인가, 무엇을 콘텐츠로 하느냐가 중요한 것이 아니라 마케팅의 지향 대상으로서 존재하는 고객의 특징에 대한 이해와 이러한 고객의 욕구와 수요를 어떻게 효율적으로 운용할 것인가에 대한 계획과 전략이 중요하게 작용한다. 단순히 기능적인 공간만을 마련하는 것으로 고객의 발길을 사로잡을 수 있는 것은 아니기 때문에 고객이 오고 싶어 하는 공간으로 만들어주어야 한다. 따라서 복합쇼핑몰의 문화공간은 몰의 메인 타깃 대상의 성격, 공간적 특징, 문화와 관련된 콘텐츠의 효율적 운영을 통해 고객의 만족을 이끌어낼 뿐만 아니라 갖고 있는 자원을 다목적으로 활용할 수 있는 계기를 만듦으로써 다양한 목적과 효과를 달성할 수 있다. 즉, 표적 시장별 서비스 및 프로그램 구성을 갖추는 것이 중요하다. 그리고 유형적 요소에 대한 지속적 관리 역시 중요하다. 고객의 눈에 보이는 모든 심미적·물리적 요소들에 대해 보다 세심한 관심을 통한 지속적인 관리를 해야 한다. 또한 문화 이벤트의 지속적 개최 및 다양한 문화 공간 및 시설 확충을 통해 지역 문화 활성화 기여할 수 있다. 즉, 이용자 간의 직·간접적 교류 증대와 복합쇼핑몰 운영업체와 고객 간의 소통 증대로 이용 효율성을 확보할 수 있고, 지역사회에는 공연 등 다양한 문화 행사 및 정보교류의 장으로서 활용 가능하여 지역의 새로운 커뮤니케이션의 공간으로 효율성이 높아진다. 이를 통해 사람들이 방문하길 원하는 수준의 쇼핑·여가·문화 환경을 제공할 수 있으며, 동시에 수익 상승으로 인한 개발 이익의 적정 환수를 통하여 도시의 또 다른 공익적 목적으로 기여할 수도 있다.

복합쇼핑몰 내에 여가문화공간 활용이 증대될 경우 해당 도시 및 지역의 방문자 등이 여가문화공간을 통해 긍정적 이미지를 확보함으로써 재방문의 효과를 기대할 수 있고 도시의 대표 이미지인 랜드마크로 기억될 수 있다. 최근 개발되는 복합쇼핑몰들은 대부분 대규모로 개발되기 때문에 규모적인 면에서도 그 지역의 랜드마크로 자리 잡는 경우가 많다. 랜드마크란 그 지역의 대표적인 상징적 이미지로서 추상적인 것이 아닌 공간의 구성이나 방위, 정보를 떠올리는 데 유용하게 작용될 수 있는 특별한 요소를 의미한다. 랜드마크는 일정 지역 전체의 경관에서 두드러져 보이는 요소로서, 시선을 집중하고 인지하게 만든다. 즉, 복합쇼핑몰이 해당 지역의 랜드마크로 자리 잡게 되면, 그 지역의 이미지를 대표적으로 상징할 수 있게 되는 특징을 갖게 되며, 지역 이미지 확립에 매우 중요한 역할을 담당할 수 있는 도시 구성요소로 공공재의 성격을 갖게 된다. 이러한 경우의 복합쇼핑몰은 상업적 기능뿐

복합쇼핑몰의 다양한 공간은 몰의 메인 타깃 대상의 성격, 공간적 특징, 문화와 관련된 콘텐츠의 효율적 운영을 통해 고객의 만족을 이끌어낼 뿐만 아니라, 지역사회에 다양한 문화 행사 및 정보교류의 장으로서 활용 가능하여 지역의 새로운 커뮤니케이션의 공간으로 효율성이 높아진다.

복합쇼핑몰은 소비자들의 선호
를 이끌어내기 위해 다양한 요
소와 기능들을 제공하려 하는
데, 그중 '휴게공간'은 이용객
및 지역사회주민들에게 쉼의
장소를 제공하고, 몰링을 즐기
는 중간중간 잠깐의 휴식을 통
해 몰 체류시간을 확대시킬 수
있는 매우 중요한 요소라고 할
수 있다.

만 아니라, 지역민들과 교감하고 소통해야 하는 공공 공간의 성격의 더욱 강화된다. 이처럼 대형화되는 복합쇼핑몰은 지역 이미지를 인지시키며 형성하고 장소를 창조하는 기능을 수반하고 있기 때문에, 도시민들의 시선을 집중시키고, 본인이 의도하지 않아도 인지되는 시각적 특징을 갖는다. 우리나라를 비롯한 아시아의 경우에는 초고층 빌딩이 랜드마크 역할을 해 왔다. 초고층 빌딩은 시각적인 부분에 있어 랜드마크적인 성향이 강하다. 특히 높이 기준 세계 Top3의 빌딩이 아시아권에 형성되고, 대부분의 이러한 빌딩에는 복합쇼핑몰이 구성되어 있다. 그래서 복합쇼핑몰의 건축적 디자인 형태는 도시 경관에 있어 매우 중요하다. 특히, 복합쇼핑몰 건축물의 형태와 색상은 공공을 위한 시각적으로 쾌적한 환경 제공을 우선시하기보다는 몰 운영을 위한 경제적 요구와 상업적 인지도를 높이기 위한 광고 수단으로 활용되어 도시미관을 망치고, 시각적 스트레스를 유발하는 문제점들이 발생하고 있다. 사람들은 오감을 통해 얻게 되는 정보의 대부분은 87%가 시각에 의존하고 있다. 특히 우리를 둘러싸고 있는 건축외관디자인같이 도시 환경을 이루고 있는 요소들은 직접적으로 우리 인간의 생명에 영향을 주지는 않지만, 많은 사람들의 의도에 상관없이 지속적으로 그리고 넓은 공간적 범위에 걸쳐 영향을 주고 있기 때문에 그 지역 사람들에게 주는 영향력은 매우 크다. 즉, 복합쇼핑몰은 해당 도시의 경관이나 이미지를 향상시키는 데 유용한 도구로서 활용될 수 있다. 이렇듯 복합쇼핑몰은 한 기업의 이윤추구를 위한 상업 활동의 역할을 넘어, 도시환경 이미지를 인지하는 역할을 하는 데 있어서 중요한 요소로 꼽을 만큼 도시 이미지를 확립하는 데 중요한 역할을 하며, 그 중요성이 갈

수록 증대되고 있다. 따라서 긍정적인 도시이미지 구축을 위해서는 복합쇼핑몰이 그 지역의 랜드마크가 될 수 있다는 점을 늘 숙지하여 개발해야 할 것이다. 복합쇼핑몰은 단지 상업시설로의 기능만이 아니라 주변의 도시 환경을 개선하고, 도시 내부 및 외부 이용자에 대한 집객력을 발휘하여 도심 공동화를 완충하여 편안한 휴게공간을 제공하는 등 지속적인 성장을 위한 기반을 구축하기 위해 지역 사회와 다방면으로 끊임없이 커뮤니케이션 하는 역할을 해야 한다.

싱가포르 복합쇼핑몰 Wheelock Place

건축물의 외관디자인 및 연출은 직접적으로 우리의 삶에 영향을 주지는 않지만, 많은 사람들의 의도와는 상관없이 지속적으로 그리고 넓은 공간적 범위에 걸쳐 영향을 주고 있기 때문에, 그 지역 사람들에게 주는 영향력은 매우 크다. 즉, 직접 특정 몰을 방문하지 않더라도 복합쇼핑몰은 해당 도시의 경관을 형성하는 주요 요소로 도시민들의 삶에 영향을 주기 때문에 시각적으로 쾌적하고 즐거운 이미지를 형성하도록 디자인 되어야 할 것이다.

복합쇼핑몰이 해당 지역의 랜드마크로 자리잡게 되면, 그 지역의 이미지를 대표적으로 상징할 수 있게 되는 특징을 갖게 되기 때문에, 지역 이미지 확립에 매우 중요한 역할을 담당라며, 도시 구성요소로 공공재의 성격을 갖기 때문에 몰을 계획할 때 건축디자인에 많은 노력을 기울여야 한다.

복합쇼핑몰은 그 존재만으로도 도시환경 이미지를 인지하는 데 중요한 역할을 하기 때문에, 긍정적인 도시이미지 구축을 위해서는 복합쇼핑몰의 건축적 내외부 디자인에 많은 고민을 해야 한다.

일본 도쿄의 랜드마크 롯폰기 힐스(Roppongi Hills)

롯폰기 힐스는 2000년 '문화도심'을 주제로 건설이 시작되어 2003년 4월 개장한, 면적 10만 9,000㎡의 대지에 주거·오피스·상업·문화·호텔·영화관·방송국·미술관 등으로 개발된 복합상업지구이다. 각 시설 저층부 및 보행자공간의 인접부에는 약 200여 개의 점포들이 구성되어 있는데, 방문객들이 단지 전체를 즐기며 쇼핑을 하거나 식사와 휴식을 할 수 있게 폭넓게 배치되어 있다. 건축디자인, 내장, 외장계획(정원 등), 조명계획 등에 있어서도 세계적으로 유명한 건축가와 디자이너들의 참여로 매력 넘치는 공간을 실현함과 동시에 일본의 유명 아티스트들에 의한 퍼블릭아트와 스트리트 퍼니처를 구현하여 공간이 예술로 가득 찬 개성 있는 경관을 창출하고 있다. 또한 공원, 광장 등의 오픈 스페이스의 확보를 통해 여유 있는 도시환경 창조에도 노력을 아끼지 않았다. 롯폰기 힐스는 일 방문객 수 약 10만 명으로 지역사람들 및 관광객들이 모여 서로 교류함으로써 쇼핑·문화·사무 등 다양한 정보를 생산하는 거점이 되고 있다.

롯폰기 힐스

참고문헌

가시마시게루. 장석봉 역. 백화점의 탄생(봉마르셰 백화점, 욕망을진열하다). 서울: 뿌리와 이파리. 2006.

강정구. 우리나라 도심 엔터테인먼트 상업시설(UEC)의 건축계획에 관한 연구. 경기대학교. 박사학위논문. 2006.

강현수. 도시, 소통과 교류의 장. 서울: 삼성경제연구소. 2007.

국토정보. 쇼핑센터(Shopping Center)의 기원과 변천. 국토연구원 국토정보다이제스트, 72, 1987. 9. pp.23~26.

권순관. 어트랙션 요소를 적용한 테마파크형 뮤지엄의 유형분석. 한국실내디자인학회 논문집, 16(2), 2007. 4. pp.172-180.

권창주, 김유미, 서기영. 복합용도 건축물의 집객시설에 대한 연구(테크노마트를 사례로). 대한건축학회논문집 계획계, 19(2), 1999.10. pp.295-300.

그랜트 매크래켄. 문화와 소비. 서울: 문예출판사. 1997.

권혜숙. 복합상업시설의 VMD 요소 정립에 관한 연구. 중앙대학교. 박사학위논문. 2006.

김경훈. UEC 개념을 도입한 도심 엔터테인먼트 상업시설의 건축계획에 대한기초연구. 한양대학교. 박사학위논문. 2008.

김난도 외. 트렌드 코리아 2014(서울대 소비트렌드 분석센터의 2014 전망). 미래의 창. 2013.

김동주. 도심상업시설 활성화를 위한 U.E.C 도입방안에 관한 연구. 중앙대학교 석사학위논문. 2004.

김미숙. 이터테인먼트(Eatertainment)의 개념을 적용한 푸드코트 공간디자인에 관한 연구. 홍익대학교. 석사학위논문. 2003.

김병진. 부동산 개발 사업 입지 유형에 따른 복합용도 개발 특성에 관한 연구. 홍익대학교. 석사학위논문. 2005.

김석용. V.M.D가 백화점 아동 의류 매장 소비자 구매 태도에 미치는 영향. 디자인과학연구, 21-27, 2004.

김성욱. 복합문화공간이 창출하는 시너지 파워. 제일커뮤니케이션. 2000.

김성진. 쇼핑센터의 특성과 소비자 쇼핑관여도가 구매의도에 미치는 영향에 관한 연구. 배재대학교. 박사학위논문. 2006.

김샘나. 복합상업시설에서의 테넌트 믹스의 변형에 관한 연구. 국민대학교. 석사학위논문. 2010.

김소연. 복합상업시설 내부에서의 공간구조분석과 길 찾기에 관한 연구: Central City를 중심으로. 연세대학교. 석사학위논문. 2003.

김수미. 복합상업시설의 공용 공간의 활용성에 따른 확장방식 연구. 서울대학교. 박사학위논문. 2010.

김아름. 몰링 신라이프스타일. 엘르(2013년 8월호). 2013.

김아영. 사회·문화적 관계의 장(場)으로써 상호작용을 위한 소비공간에 관한 연구. 홍익대학교. 석사학위논문. 2007.

김아린. 프리미엄 슈퍼마켓 부유층 소비자의 추구 가치 분석. 연세대학교 석사학위논문. 2011.

김연선. 복합 쇼핑몰 이용객 유형분석과 복합 쇼핑몰 관계자와 이용객의 몰링 인식유형과 상호지향성 연구: Q방법론을 활용하여. 숙명여자대학교. 석사학위논문. 2013.

김예랑. 문화마케팅이 소비자 충성도에 미치는 영향에 관한 연구. 연세대학교. 석사학위논문. 2010.

김오성. 엔터테인먼트형 복합상업시설의 유형화 및 공간구성에 관한 연구. 동국대학교 박사학위논문. 2010.

김이태. 기업이미지가 고객가치와 고객충성도에 미치는 영향. 한국콘텐츠학회논문지, 8(1), 2008. 1. pp.75-85.

김인호. 도심형 쇼핑몰 등장으로 성장궤도 본격 진입. 리테일 매거진. 한국체인스토어협회. 2012.

김의숙·이창식. 문화콘텐츠와 스토리텔링. 도서출판 역락. 2005.

김운걸. 복합 상업공간에 있어서 VMD 요소의 체험적 확장 가능성 연구: 리테일테인먼트(Retail + Entertainment) SC 사례를 중심으로. 한국공간디자인학회논문집, Vol.2 No.2, 2007.

김윤희. 복합상업시설내의 테넌트 구성 및 배치 특성 연구. 연세대학교 박사학위논문. 2007.

김윤희·이상호. 엔터테인먼트형 복합 상업 시설의 국내,외 사례분석을 통한 테넌트 믹스 특성 연구. 한국지역개발학회지, Vol.19 No.32, 2007.

김영욱. 복합 상업시설의 테넌트 유형에 따른 공간구조와 이용행태의 상호관련성에 관한 연구. 세종대학교. 석사학위논문. 2011.

김진관. 도심 복합 쇼핑몰 이용자 이용 특성 분석. 연세대학교. 석사학위논문. 2009.

김정기. 키즈마케팅에 따른 어린이 복합문화 공간에 관한 연구. 홍익대학교 석사학위논문. 2009.

김종윤·김현수. 대규모 복합용도시설의 기능복합 특성에 관한 연구. 대한국토·도시계획학회지 국토계획, 45(2), 2010.4. pp.149-163.

김주희·이동철·박옥련. 글로벌시대의 문화마케팅. 경기: 법문사, 2008.

김지현·조경진. 도시 복합소비공간의 이용행태분석을 통한 공간특성연구(코엑스몰을 중심으로). 한국조경학회 추계 학술 논문발표회 논문집, 2006.3. pp.70-74.

김진호. 2013년에 일어날 일들-무슨 일들이 우리를 기다리고; 에스콰이이어, 2013. 1월호. 2013.

김창수. 테마파크의 이해. 대왕사. 2007.

김철수. 도시공간의 이해. 서울: 기문당. 2008.

김학도. 복합단지개발사업의 문제점과 개선사항. 부동산포커스 2. 2007.

김한나·이은영. 고려 점포군에 따른 소비자 세분화와 점포 이미지 중요도에 관한 연구. 유통연구 79-99. 2006.

김호기·유상균·정창무. 구매자 소득계층별 대형상업시설의 선택요인분석(매장면적과 통행시간에 의한 영향력을 중심으로). 대한국토·도시계획학회지 국토계획, 45(3), 6. pp.77-92. 2010.

김희숙. 에코디자인이 소비자 태도에 미치는 영향에 관한 연구: 쇼핑몰 디몰 장치 장식물을 중심으로. 홍익대학교. 석사학위논문. 2009.

김희진. 일본테마파크의 사례와 전략. 커뮤니케이션북스. 2007.

김홍규. 복합용도 개발의 필요성과 미래 방향 :일본,대만 사례를 중심으로. 한국토지공사. 2007.

김홍진. 복합상업시설 개발과 운영관리의 의사결정에 관한 연구. 전주대학교. 박사학위논문. 2011.

노은수. 이터테인먼트 개념을 적용한 이태리 레스토랑의 식공간 연출에 관한 연구. 동국대학교 석사학위논문. 2010.

노장오. 브랜드마케팅. 서울: 사계절. 1994.

고정민. 주5일 근무와 소프트산업의 변화. 삼성경제연구소. 2002.

내우증권. 2008년 유통업 전망. 2008.

대신증권리서치센터. 2011년 유통업 투자전략. 2011.

딜로이트 안진회계법인. 국내 유통산업의 동향과 2012년 전망. RETAIL REPORT. NO.17. 2012.

동영제. 컨조인트분석을활용한복합상업시설의기능별선호도에관한연구. 건국대학교. 석사학위논문. 2009.

마이크페더스톤 저. 정숙경 역. 포스트모더니즘과 소비문화. 서울: 현대미학사. 1999.

민선영. 복합 상업시설의 테넌트유형에 따른 공간구조와 이용행태의 상호관련성에 관한 연구. 세종대학교. 석사학위논문. 2011.

문수환. 중소규모 쇼핑센터의 공간 및 업태 구성 방향에 관한 연구. 홍익대학교. 석사학위논문. 2007.

문경일, 임창호. 도시여가공간으로서 고궁의 이용가치 평가. 대한 국토·도시계획학회지 국토계획, 38(2), 2003. 4. pp.191-201.

문은미. 서울시 쇼핑몰의 테마디자인 적용에 관한 분석연구: 롯데월드, 코엑스몰, 센트럴시티의 사례분석을 중심으로, 한국실내디자인학회 논문집, 31, 2002. 4. pp.3-11.

마크 고베 저, 이상민 역. 감성디자인 감성브랜딩 김앤김북스. 2002.

민정윤·김흥렬. 이터테인먼트(Eatertainment) 식음공간 연출에 관한 연구. 한국디자인학회 학술발표대회 논문집, Vol.2005 No.5, 2005.

문수환. 중소규모 쇼핑센터의 공간 및 업태구성방향에 관한 연구. 홍익대학교. 석사학위논문. 2007.

박강민. 이용자 및 공간적 특성이 쇼핑 및 여가시설의 이용 행태에 미치는 영향에 관한 연구. 한양대학교. 석사학위논문. 2011.

박경애. 리테일엔터테인먼트 요소에 대한 소비자 반응. 마케팅 과학연구 14집. 2004.

박대순. 복합상업시설활성화구성요소에관한연구. 세종대학교. 석사학위논문. 2012.

박상훈·장동련. 홍대앞에서 런던까지 장소의 재탄생. 서울: 디자인하우스. 2010.

박재민. 리테일 디자인을 통한 감성체험이 브랜드 이미지에 미치는 영향: 롯데백화점 Avenuel 사례를 중심으로. 홍익대학교. 석사학위논문. 2007.

박종인. 도심지 고층 주상복합건물 건축계획에 관한 연구. 홍익대학교. 석사학위논문. 2000.

박진용. 쇼핑몰과 테넌트 간 기대-불일치 및 고객만족의 상호영향. 유통연구. 13(2), pp.79-95. 2008.

박현근. 입체복합시설의 매개 공간 내 물리적 요소에 따른 보행환경 특성 연구. 홍익대학교. 석사학위논문. 2009.

박태원 외. 프리미엄 아웃렛 쇼핑몰의 공간지각 및 이용 특성 분석. 한국도시설계학회, 춘계학술대회. 2012.

백선혜. 장소성과 장소마케팅. 경기: 한국학술정보. 2005.

백승철. 델파이기법을이용한U-City사업의핵심성공요인도출. 중앙대학교. 석사학위논문. 2008.

번트슈미트 저. ,박성연, 윤성준 역. 체험마케팅. 세종서적. 2002.

림철.현대 복합상업시설 내부가로 계획 특성에 관한 연구. 건국대학교. 석사학위논문. 2014.

서용건. 관광·엔터테인먼트 쇼핑몰 개발전략에 관한 연구, 관광·레져연구 제14권 제3호. 2003.

서정렬·김현아. 도시는 브랜드다: 랜드마크에서 퓨처마크로. 삼성경제연구소. 2009.

서혜승. 복합상업시설에서의 효과적인 길 찾기를 위한 정보디자인 연구. 한양대학교. 석사학위논문. 2008.

신장수. 위탁급식산업의 마케팅전략에 관한 연구. 한양대학교. 석사학위논문. 2011.

신중진, 김혜영. 대규모 복합용도개발의 계획특성에 관한 연구(외부공간의 공공성을 중심으로), 대한건축학회논문집 계획계, 18(5), 2002.5. pp.27-38.

신인철. 복합용도개발의 시너지 효과에 관한 연구. 건국대학교 석사학위논문, 2009.

신영하. 엔터테인먼트 요소를 활용한 백화점 VMD에 관한 연구. 홍익대대학원. 석사학위논문. 2004.

신화경·이연숙. 도시인의 여가행태 및 공간적 요구에 관한 연구(조기출퇴근제 기혼남성 직장인을 중심으로). 대한건축학회논문집 계획계, 110, 1997.12. pp.187-195.

심낙훈. 비주얼머천다이징 & 디스플레이. 영풍문고. 1997.

심상민. 문화마케팅의 부상과 성공전략. 삼성경제연구소. 2002.

심세진. 라이프스타일에 따른 여가동기와 만족도 분석: 복합 엔터테인먼트 쇼핑몰을 중심으로. 한양대학교. 석사학위논문. 2012.

심재관. 복합테마형상업시설 집객요인이 이용만족도와 재방문의도에 미치는 영향 분석. 광운대학교. 박사학위논문. 2010.

심창섭, 서용석. 도시여가공간으로서 복합상업시설의 함의(공간의 사회적 구성의 관점에서), 한국관광학회 제68차 전북국제관광학술대회, 2010.7. pp.435-446.

손재영. 한국의 부동산 금융. 건국대학교 출판부. 2008.

안광호, 임병훈, 정선태. 쇼핑가치가 고객만족과 구매행동에 미치는 영향에 관한 연구(백화점 쇼핑행동을 중심으로), 한국마케팅저널, 10(2), 2008.7. pp.99-123.

안진오. 도심형 복합개발단지의 앵커시설 계획에 관한 연구. 아주대학교. 석사학위논문. 2008.

안희선. 국내 대형복합상업시설의 도시공간구성 특성에 관한 연구. 서울시립대학교 대학원. 석사학위논문. 2008.

앨리버만, 패트리샤에스게이트 저. 조윤장 역. 엔터테인먼트 마케팅혁명. 서울: 아침이슬. 2003.

엘리자베스 페이스 저. 정상수 역. 쇼핑의 심리학 (왜 남자와 여자는 갖고 싶은 게 다를까). 웅진윙스. 2010.

엘지경제연구원(LGERI). 2010년 주목할 소비트렌드 7, LG Business Insight, 2010.6. pp.20-35.

엘지주간경제. LG주간경제 2007.07월호.

오세조·세키네타카시. 한눈에 보는 소매유통전쟁. 서울: 중앙경제평론사. 2002.

오정아·이현수. 대형마트의 부대 서비스공간 만족도 및 선호도에 관한 연구. 대한 건축학회논문집 계획계, 25(11), 2009.11. pp.21〜29.

유경선. 도심엔터테인먼트상업시설(U.E.C)개발의 성공방안에 관한 연구. 홍익대학교. 석사학위논문. 2012.

유인건, 최상헌. 도심 복합 상업시설에서 집객화를 위한 엔터테인먼트 콘텐츠 요소에 관한 연구. 한국실내디자인학회 학술발표대회논문집 제 12권 통권 21호, 2010.

유창욱. 복합용도상업시설의 환경계획 특성에 관한 연구 Christopher alexander의 'Pattern Language'에 의한 분석을 중심으로. 성균관대학교 박사학위논문. 2012.

윤석준. 국내 대규모 복합쇼핑몰에 나타나는 경험디자인 연구. 인제대학교. 석사학위논문. 2011.

윤성은. 공간에서 녹색을 읽다. 2011. 이담북스.

윤영식. 부동산개발론. 서울: 교육과학사. 2010

윤원섭. 도심엔터테인먼트 상업시설 활성화를 위한 내부가로공간 만족도조사연구. 경북대학교, 석사학위논문, 2010.

윤정중. 입체복합개발의 활용을 위한 기초연구. 한국토지주택공사 토지주택연구원[편]. 한국토지주택공사 토지주택연구원. 2010.

이강권·이정진. 국내 컨세션 산업 동향. 식품산업과 영양. 15(2), 4 ~ 6, 2010.

이경동·정재용. 도심개발에 따른 장소성의 변화와 변화요소에 대한 분석(청계천 지역을 중심으로). 대한건축학회 학술 발표대회 논문집, 27(1), 2007.10. pp.691~694.

이동훈, 이경원, 이성호, 최기호, 홍명호, 양원창. Shopping center development & management: SC 개발·운영 관리 - 기본 ①. 다이아몬드 컨설팅

 이동훈, 이경원, 오쿠보 다카시. Shopping center development & strategy: SC 개발전략·관련법규 – 응용편 ②. 다이아몬드 컨설팅. 2004.

이동철·장명주. 키즈마케팅. 세종서적. 1998.

이민호 외. 경제 위기 이후의 신소비 트렌드. CEO infornation 제723권. 삼성경제연구원. 2009.

이성광. 복합상업시설 활성화 방안에 관한 연구(상업시설 역할 중심). 명지대학교. 석사학위논문. 2009.

이승우. 도시 여가공간으로서 대형 상업시설의 역할과 이용특성 연구. 서울대학교. 박사학위논문. 2003.

이승주. 복합용도개발의 공간특성에 관한 연구. 세종대학교. 석사학위논문. 2004.

이승창 외, 쇼핑 환경에 대한 고객 흥미가 쇼핑 가치에 미치는 영향. 한국유통학회. 춘계학술대회. 2007.

이윤경. 리테일 엔터테인먼트 요소와 쇼핑몰 상점 매출간의 관계에 대한 실증연구. 서강대학교. 석사학위논문. 2007.

이윤홍. 상업시설 내 어린이 실내놀이 공간계획에 관한연구. 연세대학교. 석사학위논문. 2003.

이장우. 복합용도개발사업의 개발트렌드 변화에 따른 성공요인에 관한 연구. 경희대학교. 석사학위논문. 2010.

이지선. 리테일 이미지 구성 요소로서의 사인디자인 트렌드 연구 : L백화점 사례를 중심으로. 이화여자대학교. 석사학위논문. 2013.

이준복. 공공성 분석을 통한 공개공지 활성화방안에 관한 연구. 목원대학교. 석사학위논문. 2010.

이창훈. 건축물의 오픈 스페이스를 통한 '공공성'증진에 관한 연구. 홍익대학교. 석사학위논문. 2005,

이천기 외, 복합용도개발의 특화기능 선택에 관한 연구. 국토계획. 2004.

이태엽. 복합유통시설의 테넌트 믹스 구성 전략에 관한 연구. 서울대학교. 석사학위논문. 2005.

이호신. 테넌트 특성이 복합상업시설 임대료 형성에 미치는 영향에 관한연구. 건국대학교. 석사학위논문. 2011.

이현정 저. Times Square. 정림건축. 2011

이효창. 복합용도건축물 내부 오픈스페이스의공공적 활용에 영향을 미치는 건축 계획 요소에 관한 연구. 연세대학교. 석사학위논문, 2009.

원주연. 도시 내 지역적 정체성을 반영하는 철도역 복합시설의 제의. 이화여자대학교. 석사학위 논문. 2005.

일본정책투자은행 저, 김광우역. 해외중심시가지활성화-미·영·독의 18개 도시사례연구. 전남대 학교 출판부. 2002.

임명숙. 대형쇼핑시설의 유형별 입지특성 및 소비자행태에 관한연구. 단국대학교 석사학위논 문. 2004.

임재욱. 키즈마케팅 전략에 대한 연구. 경희대학교. 석사학위논문. 2010.

임채운, 이수, 장명균. 쇼핑센터 내 엔터테인먼트 시설이 인근상업시설에 미치는 효과: A 쇼핑센 터를 사례를 중심으로. 한국유통학회 학술대회 발표논문집, Vol.2011 No.5. 2011.

임헌천. 대형쇼핑센터 입점이 지역 사회에 미치는 영향 분석. 연세대학교. 석사학위논문. 2006.

임헌천. 대형 쇼핑센터 입점이 지역 사회에 미치는 영향 분석. 연세대학교. 석사학위논문. 2006.

임희지. 판매·엔터테인먼트 목적지 개발. 서울시정개발연구원. 2006.

엄서은. 도심형 엔터테인먼트 센터의 임차자 구성과 이용자 형태에 관한 연구. 강남대학교. 석사 학위논문. 2010.

월간식당 2011년 10월호. 2011.

우승현·윤혜경. 스트리트 몰(Street Mall)의 매장 배분계획과 영업활성화의 관계에 대한 연구_국 내 스트리트몰의 사례를 중심으로. 한국실내디자인학회논문집 제18권 6호 통권 77호, 2009.

오동수. 도심형복합상업시설 활성화 방안 모색에 관한 연구. 건국대학교. 석사학위논문. 2012.

장동련·신연우. 통합디자인경영을 통한 도시이미지 창출에 관한 연구. 한국기초조형학회 기초 조형학연구. 10(2), 2009. 4. pp.409~420.

장은아. Urban Entertainment Center 이용자이용패턴 분석에 관한 연구. 한양대학교. 석사학 위논문. 2007.

장재호. 장소적 진정성 개념을 바탕으로 한 UEC에서의 장소 이미지 형성에 관한 연구. 동아대학 교. 석사학위논문. 2007.

장지한, 이영수. 복합상업시설내의 이용자를 유도하는 체험마케팅 요소에 관한 연구. 대한건축 학회 학술발표논문집 계획계, 29(1), 2009.10. pp.61~64.

쟝보드리야르 저. 임문영 역. 소비의 사회. 계명대학교출판부. 1998.

전달영·김찬호. 인터넷종합쇼핑몰과 전문쇼핑몰의 쇼핑만족 및 재구매의도에 미치는 영향요인 비교연구, 마케팅과학연구, 13, 2004. pp.1~27.

전명화 외. 복합 상업 시설 내 목적 시설의 공간적 상호 연계성 분석. 대한건축학회지 Vol. 28, No1. 2008.

전경돈. 복합유통시설물의 핵점포 유형 및 특성에 관한 연구. 건국대학교. 석사학위논문. 2009.

전경돈 외, 쇼핑센터의 핵심 임차인 유형 및 특성 연구. 한국도시설계학회지. 제2권. 2011.

전명화. 복합 상업시설에서 이용자의 경로선택에 관한 연구. 연세대학교. 박사학위논문. 2008.

정석희. 도시개발론. 대한국토·도시계획학회. 2002.

정연승·서용구. 엔터테인먼트형 쇼핑몰의 등장과 전망 . 삼성경제연구소. 2001.

정연승. 엔터테인먼트쇼핑몰의 개념 및 국내, 외 사례. 삼성경제연구소. 2004.

조강현. 멀티플렉스와 복합상업시설간의 상승효과 분석. 홍익대학교. 석사학위논문. 2007.

조영수. 도심활성화를 위한 복합용도개발의 계획방법에 관한 연구. 중앙대학교. 석사학위논문. 2005.

조지영. 백화점 휴게공간 이용 경험 및 만족도가 쇼핑 만족에 미치는 영향에 관한 연구. 홍익대 대학원. 석사학위논문. 2006.

조주현. 부동산학원론. 서울: 건대출판부. 2002.

정문원. 이터테인먼트 개념을 적용한 식음공간계획에 관한 연구. 홍익대학교. 석사학위논문. 2013.

정연승. 엔터테인먼트형 쇼핑몰의 등장과 전망. 삼성경제연구소. 2001.

채장훈·박혜경. 복합상업시설 장소인지단지로서의 테마디자인 연구(서울과 타이베이 사례를 중심으로), Journal of Digital Interaction Design, 5, 2004. pp.27~32.

최승복·오세두. 부산지역 역사·문화 테마파크 조성을 위한 내·외래 관광객의 수요 추정 기초조사 연구, 디자인학연구 Journal of Korean Society of Design Science, 17(2), 2004. pp.34~42.

최윤경. 입체복합시설의 해외사례와 특성. 대한건축학회지 52. 2008.

최윤경. 7개 키워드로 읽는 사회와 건축. 스페이스 타임. 2010.

최윤홍. 유통관리론. 서울: 현우사. 2009.

최원선. 체험마케팅을 적용한 리테일 공간의 Visual Merchandising에 관한 연구. 홍익대학교. 석사학위논문. 2009.

최현호. 복합 상업시설의 유형화에 따른 공용공간 계획특성 분석 연구, 중앙대학교. 석사학위논문. 2013.

최형석. UEC(도심형복합상업시설)의 성공적인 Tenant 유치 전략에 관한 연구. 건국대학교. 석사학위논문. 2009.

추근영. 복합상업공간의 활성화를 위한 보이드(void)공간 디자인 방법 연구: 신촌 “M” 쇼핑몰 대상으로. 이화여자대학교. 석사학위논문. 2012.

크리스티안 미쿤다 저. 김해생 역. 마음을 훔치는 공간의 비밀 (왜 그곳에만 가면 돈을 쓸까). 21세기북스. 2011.

클로테르 라파이유 저. 김상철 역. 컬처 코드(세상의 모든 인간과 비즈니스를 여는 열쇠). 리더스북. 2007.

파코 언더힐 저. 김민주 외 1명 역. 몰링의 유혹(세계를 사로잡은 새로운 소비 트렌드). 2009. 미래의창.

파코 언더힐 저. 신현승 역. 쇼핑의 과학(고객을 사로잡는 쇼핑 매장에 대한 가장 은밀한 분석. 세종서적. 2011.

패션비즈. 우리나라 복합상업시설 시대 도래(2010년 1월). 2010.

패션인사이트. 2012.11.12, 복합쇼핑몰특집, 2012.

하권찬. 상업용 부동산 개발론. 서울: 다산 출판사. 2009.

하성주. 테마파크형 쇼핑센터의 공간구성에 관한 연구, 한국실내디자인학회 논문집, 16(6), 2007.12. pp.144~151.

하성주. 도심 엔터테인먼트 복합쇼핑센터의 활성화를 위한 계획요소에 관한 연구. 연세대학교. 박사학위논문. 2010.

하은경. 디지털 미디어를 적용한 감성적 체험 공간의 특성에 관한 연구. 한국공간디자인학회논문집, Vol.2 No.2, 2007.

한국경제. 지구촌몰링열풍: 2009년 11월 11일. 2009.

한국토지개발공사. 주상복합건물의 활성화를 위한 용지계획 및 설계에 관한 연구. 한국토지주택공사. 1994.

허성봉. 백화점 VMD 요소의 경험이 고객 유형별 점포 만족도에 미치는 차이에 관한 연구. 홍익대학교. 석사학위논문. 2011.

허원무. 경험마케팅 경영정보. LG주간경제. 2000.

홍성용. 스페이스마케팅 공간을 유혹하라. 삼성경제연구소. 2007.

홍성용. 스페이스마케팅. 시티 중앙일보 조인스랜드. 2009.

황세윤. 복합상업시설의 다목적 구매행태에 따른 용도복합의 시너지효과에 관한 연구. 한양대학교. 석사학위논문. 2002.

홍영표. 이터테인먼트의 개념을 적용한 푸드코트화에 관한 연구. 경기대학교. 석사학위논문. 2005.

홍유석. 국내 도심형 엔터테인먼트 상업시설의 엔터테인먼트 구성과 효과에 관한 연구. 아주대학교. 석사학위논문. 2008.

Anselmsson, J, "Sources of Customer Satisfaction with Shopping Malls: A Comparative Study of Different Customer Segments." The International Review of Retail, Distribution and Consumer Research, 16(1), 2006, pp.115~138.

Beyard, M., Shopping Center Development Handbook 3rd Edition, ULI.

Hahn, B., Entertainment Retailing and Urban Entertainment Centers in the U.S.A, University Lunebur. 2001.

ICSC. Shopping Centers of Interest, International Council of Shopping Centers, New York. 2008.

John Wiley & Sons, Building Type Basics For Retail and Mixed-UseFacilities, The Jerde Partnership. 2003.

Ngo-Viet Nam Son, 2002, The Integration of the Suburban Shopping Center with its Surrounding, University of Washington Doctor of Philosophy, Michael D. Beyard. Developing Retail Entertainment Destination, Urban Land Institute. 2006.

Schwanke Dean et. al. Mixed-Use Development Handbook. Second Edition, the Urban Land Institute. 2003.

Sit, J. & Merrilees, B., Understanding Satisfaction Formation of Shopping Mall Entertainment Seekers(A Conceptual Model). ANZMAC, 2005, pp.106~114.

ULI(Urban Land Institute). Developing Retail Entertainment Destinations. 2nd Edition. 2001.

ULI(Urban Land Institute). Mixed-Use Development Handbook. 1989.

Weisman, G. D. Wayfinding in the built environment: a study in architectural legibility. PH.D thesis, The University of Michigan. 1979.

가드파이브, http://www.garden5.com

경기도 홈페이지, http://www.gg.go.kr

국토교통부, http://www.molit.go.kr

국토교통통계누리, https://stat.molit.go.kr

국가법령정보센터, http://www.law.go.kr

국가통계포털, http://kosis.kr

네이버 사전, http://www.naver.com

더시티7 http://www.thecity7.com

도시재생사업단 홈페이지, http://www.molit.go.kr

대한토지주택공사, http://www.jugong.co.kr

동탄신도시메타폴리스, http://www.e-metapolis.co.kr

라페스타 http://www.lafesta.co.kr

롯데김포몰 http://gimpoairport.lottemall.co.kr

미국마케팅협회 http://www.marketingpower.com

비트플렉스 www.bitplex.co.kr

부동산통계정보시스템, http://www.r-one.co.kr

뽀로로파크 http://www.pororopark.com

수원시 http://www.suwon.go.kr

아이파크몰 http://www.iparkmall.co.kr

일본쇼핑센터협회 http://www.jcsc.or.jp

영등포구청 http://www.ydp.go.kr

웨스턴돔http://www.westerndom.com

위키피디아 www.wikipedia.org

원마운트 http://www.onemount.co.kr

쥬네브, http://www.junwave.co.kr

코엑스몰 http://www.coex.co.kr/coexmall

키자니아홈페이지 http://www.kidzania.co.kr

타임스퀘어 www.timesquare.co.kr

토지이용규제정보서비스, http://luris.moct.go.kr

통계청 http://kostat.go.kr

e-나라지표, http://www.index.go.kr

IAAPA(International Association of Amusement Parks and Attraction)

http://www.iaapa.org/

ICSC http://www.icsc.org/srch/lib/SCDefinitions.php

몰링,
상상 이상의 즐거움

초판인쇄 2014년 11월 12일
초판발행 2014년 11월 12일

지은이 강준규 · 윤성은
펴낸이 채종준
기획 권오권
편집 한지은
디자인 이명옥 · 조은아
마케팅 황영주 · 이행은

펴낸곳 한국학술정보(주)
주소 경기도 파주시 회동길 230(문발동)
전화 031) 908-3181(대표)
팩스 031) 908-3189
홈페이지 http://ebook.kstudy.com
E-mail 출판사업부 publish@kstudy.com
등록 제일산-115호(2000.6.19)

ISBN 978-89-268-6747-1 13320